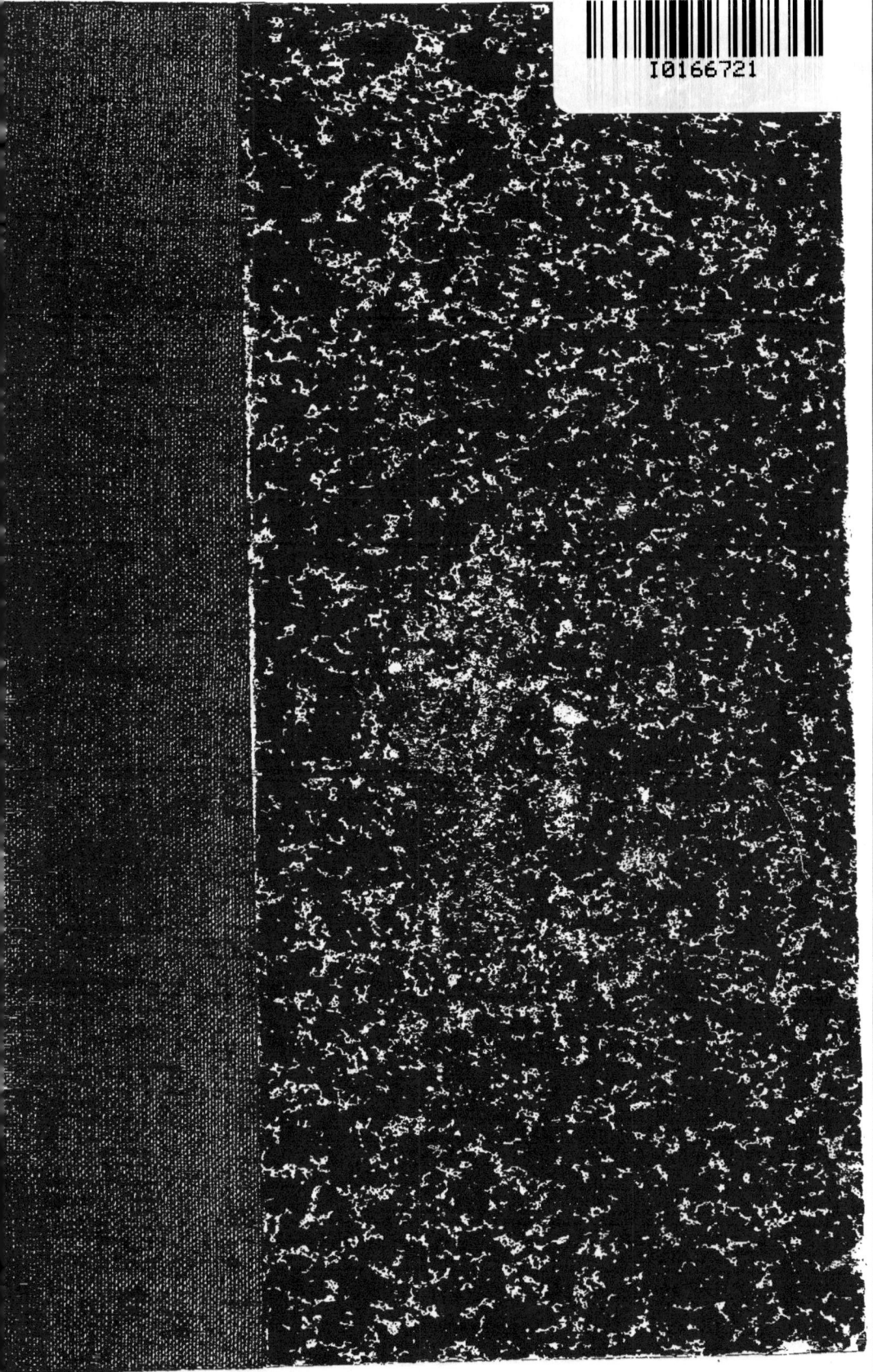

JOURNAL
d'un Dragon d'Egypte

(14e Dragons)

★

NOTES

Recueillies par le Ct M**

PARIS

IMPRIMERIE & LIBRAIRIE MILITAIRES

Edmond DUBOIS

18, Rue des Grands-Augustins

1899

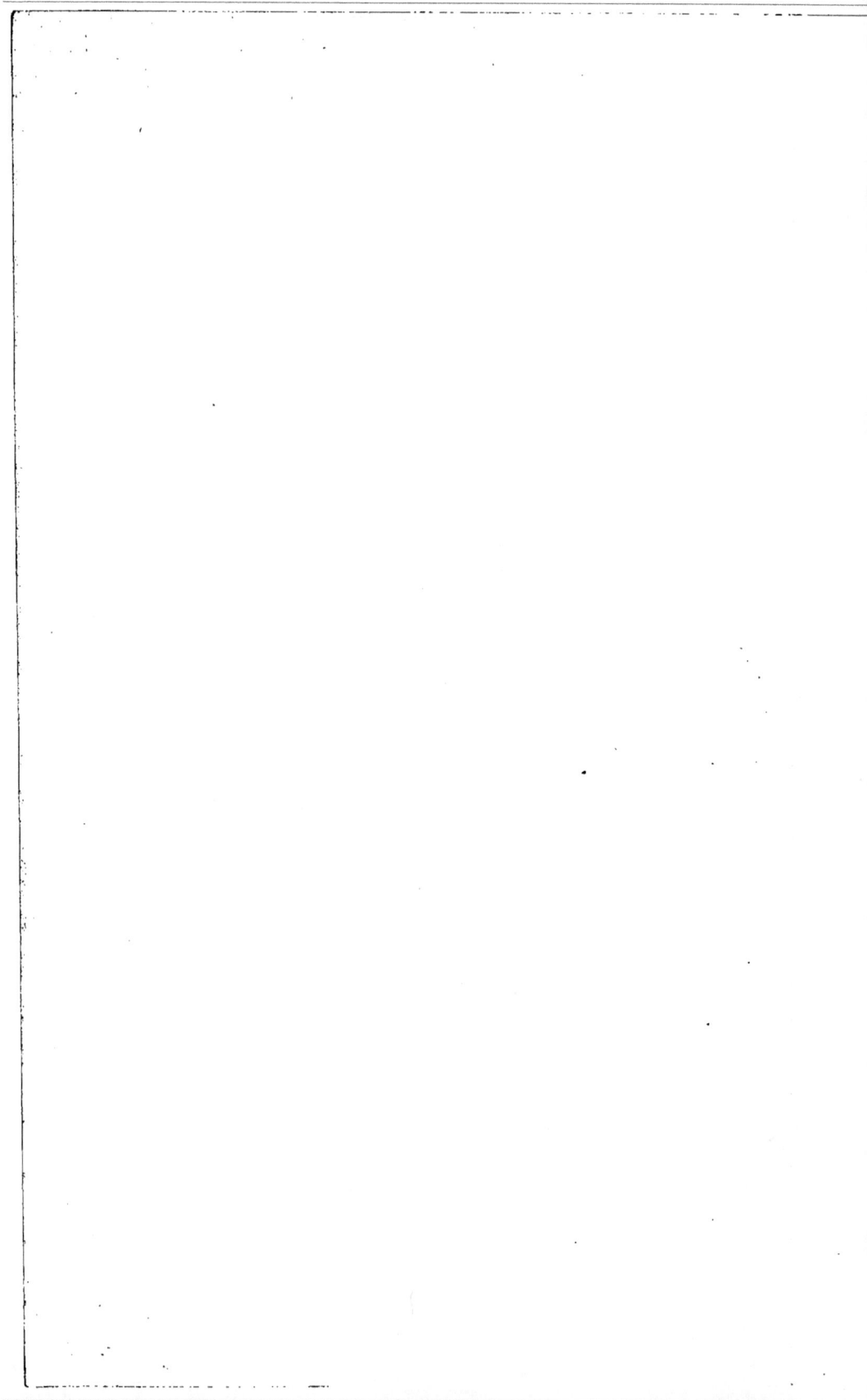

JOURNAL

D'UN

DRAGON D'ÉGYPTE

(14e DRAGONS)

EXEMPLAIRE D'AUTEUR

—

$N°$ ....

Imp. de Lunéville, 45, rue Gambetta

JOURNAL

D'UN

DRAGON D'ÉGYPTE

(14e DRAGONS)

*Notes recueillies par le C^t M****

PARIS

IMPRIMERIE ET LIBRAIRIE MILITAIRES

EDMOND DUBOIS

18, RUE DES GRANDS-AUGUSTINS, 18

—

1899

★

✶   ✶

Ces lignes, échappées de la plume d'un Officier de l'Armée
d'Egypte, n'ont pas la prétention de donner un récit
complet de cette admirable campagne.

Ecrites au bivouac, jour par jour, elles mettent en lumière
des faits oubliés ou inconnus et donnent une impression
exacte de la vie de nos soldats sur cette terre qu'ils abandonnèrent avec tant de regrets.

Nous espérons que ce *Journal* d'un témoin oculaire sera
accueilli avec indulgence par ceux qui s'intéressent aux
hauts faits de notre Armée.

C^t M***.

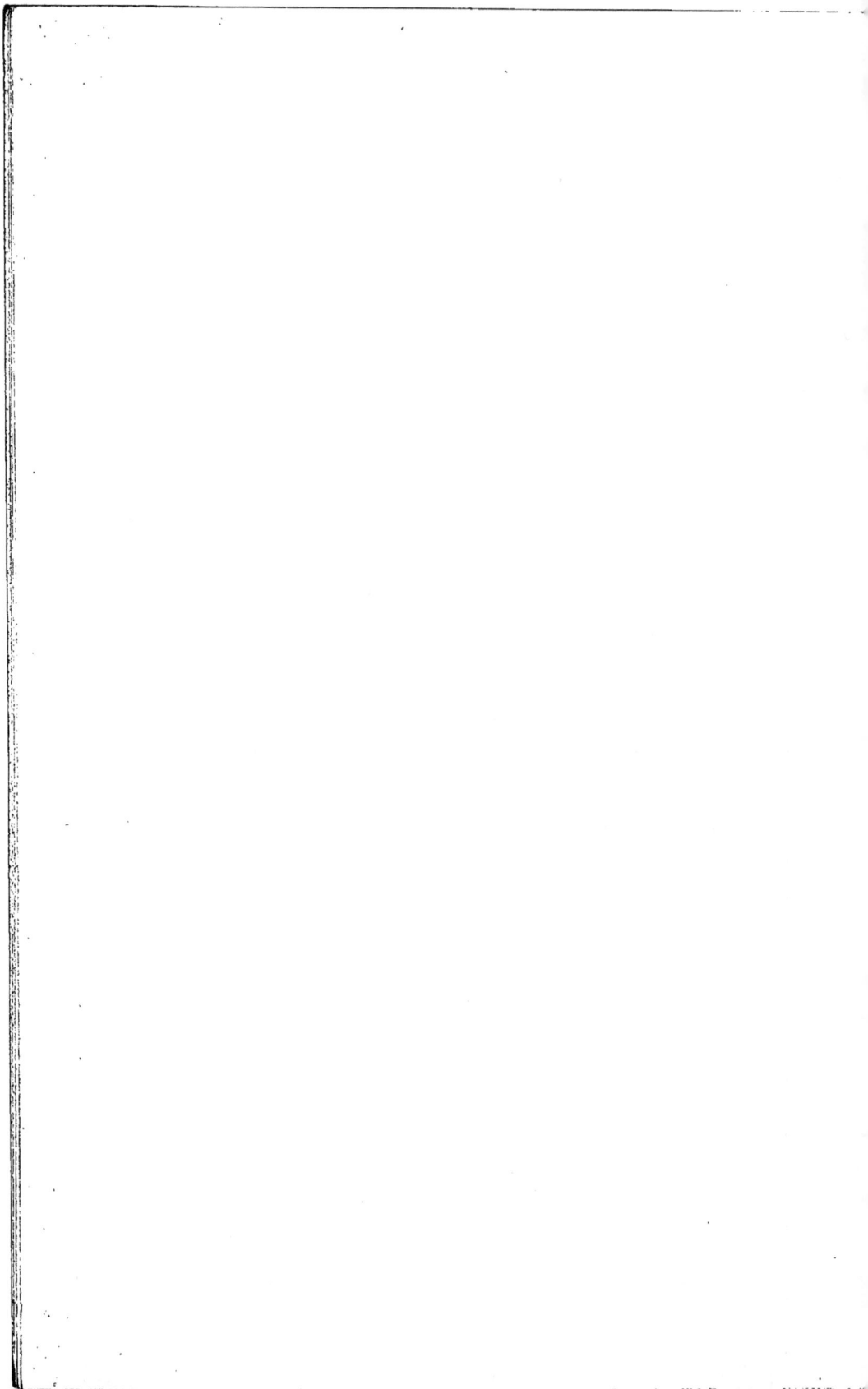

JOURNAL

D'UN

DRAGON D'ÉGYPTE

(14e DRAGONS)

CHAPITRE PREMIER

*Le 14e Dragons est désigné pour faire partie d'une expédition sous
les ordres du Général Bonaparte. — Préparatifs d'embarquement. —
Départ de Gênes. — Contre-ordre. — Retour au port. — Prise de
Malte. — La flotte jette l'ancre en vue d'Alexandrie.*

Monza, 15 Avril 1798.

Dans les premiers jours de ce mois, le général Berthier,
commandant en chef de l'Armée d'Italie, envoya au régiment
l'ordre de se tenir prêt à s'embarquer, au premier signal, pour une
expédition, dont le but est encore inconnu.

La nouvelle en fut accueillie par tous avec la joie la plus vive,
car, à dire vrai, la vie de garnison dans les petites villes de Lom-
bardie, ruinées par la guerre, nous est devenue insupportable.
Mais de grosses difficultés se sont présentées quand il a fallu exécuter les ordres venus de Milan.

Le harnachement doit être remis en excellent état, les armes
réparées, chaque dragon pourvu d'un habit neuf, d'un gilet, d'une
culotte et d'une paire de bottes, par les soins du corps ; or, la
masse du régiment n'a pas cinquante livres en caisse, l'incurie des
commissaires des guerres, l'absence absolue de numéraire et le peu
de cas fait ici du papier de la République française, nous ont
réduits à un état de dénuement facile à comprendre, quand on songe
que, depuis cinq ans, nous n'avons cessé de faire campagne à
l'Armée de Sambre-et-Meuse, puis à celle d'Italie.

L'activité du citoyen Duvivier, notre chef de brigade, la bonne volonté de tous, ont triomphé de ces obstacles. Le 12, le général Murat vint s'assurer que les ordres étaient en bonne voie d'exécution et ce qu'il a vu a dépassé ses espérances, il a fait choix des chevaux que leur âge et leur constitution rendaient le plus propres à supporter de longues fatigues, puis il s'est rendu à Lodi, où se trouvent les 3° et 4° escadrons, et il y a procédé aux mêmes opérations. Nous avons de la sorte une centaine de chevaux désignés pour être embarqués, le reste doit être réparti entre les différents régiments de Cavalerie et de Dragons qui tiennent garnison dans la Cisalpine.

Au moment d'entrer en campaqne, le régiment est fort de 480 hommes environ, sans compter les officiers. La plupart de nos dragons ont fait, depuis 1792, toutes les campagnes en Belgique, sur le Rhin et jusque sur le Danube, avec le général Jourdan. Je puis dire avec orgueil qu'ils ne le cèdent à personne pour la bravoure, la discipline et le dévouement à leurs chefs.

Pendant que nous terminions nos préparatifs de départ, j'ai été désigné par le chef de brigade pour aller à Gênes, auprès du général Baraguey d'Hilliers, qui désire avoir dans son état-major un officier susceptible de diriger l'aménagement des bâtiments destinés à transporter les chevaux. Je pars en poste, aujourd'hui même.

Gênes, 18 Avril.

Il règne ici une animation qui n'est pas croyable, les bâtiments des nations les plus diverses qui s'y trouvaient rassemblés, ont été mis sous l'embargo et l'on choisit pour les noliser, au compte de la République, ceux qui semblent le plus propres à transporter les troupes.

Aussitôt arrivé, je me rendis au palais occupé par le général Baraguey d'Hilliers, qui a le commandement de la division de Gênes, mais dès les premiers mots, je m'aperçus que les difficultés dont nous avons eu raison au régiment, se présentent ici presque insurmontables. Les ordres du Directoire prescrivent de mettre en état près de 300 bâtiments, de les approvisionner largement en vin, lard, eau-de-vie, riz, fromage, etc... Mais pour tout cela il faudrait de l'argent et il n'y en a point du tout. Or, les négociants génois sont trop prudents pour accepter les traites qui leur sont offertes sur la République et qu'ils craignent de ne point voir payer.

Dans cette circonstance, le citoyen Belleville, chargé des affaires de France près de la République Ligurienne, a déployé le plus grand zèle et s'est avisé d'un expédient qui lèverait toutes les difficultés. Ce serait la vente des diamants, saisis à Rome par l'expétion qui alla venger l'odieux assassinat du général Duphot.

GÊNES, 22 Avril.

Comme je l'avais prévu, la vente des joyaux a couvert toutes les dépenses que nécessitait l'approvisionnement du convoi; aujourd'hui l'abondance succède à la détresse, l'arriéré de solde a été payé dans tous les corps destinés à être embarqués. Chaque officier a reçu, suivant son grade, une gratification en numéraire variant de 60 à 100 livres, ce qui nous a permis de faire les acquisitions dont nous avions le plus grand besoin, car faute de solde depuis près de six mois, nous ne pouvions remplacer nos bottes sans semelles et nos vêtements en guenilles.

J'ai visité tous les bâtiments du port, très peu se prêtent à l'embarquement des chevaux, et l'on est obligé de restreindre de plus en plus le nombre de ceux qui pourront être emmenés par l'état-major, la cavalerie ou l'artillerie, les cales les plus vastes ne peuvent contenir plus de 12 à 16 chevaux, mais on embarquera tous les harnachements et l'on se remontera sans nul doute dans le pays même.

GÊNES, 27 Avril.

Hier soir le 14e Dragons est arrivé ici et il a été cantonné dans le faubourg Saint-Pierre d'Arena, je me suis porté aussitôt à la rencontre de mes frères d'arme qui m'ont accueilli avec l'expression de la joie la plus vive. Sans savoir exactement où nous allons, nous ne doutons point de cueillir de nouveaux lauriers puisque le général Bonaparte est à notre tête. Nous avons échangé de gais propos et bu à nos futures victoires jusqu'à une heure assez avancée de la nuit.

Dès le matin l'embarquement a commencé par les chevaux de la cavalerie et s'est poursuivi avec la plus grande rapidité, mais les ressources sont si restreintes que le régiment a dû laisser la plupart des chevaux qui avaient été conduits ici. 20 chevaux d'officiers et 17 de troupe ont seuls trouvé place sur les bâtiments destinés à ce transport. Avant la nuit le 14e Dragons tout entier était à bord, attendant le moment du départ.

28 Avril (à bord de la Sérieuse).

Une frégate française, deux galères liguriennes escortent 66 bâtiments de transport qui portent huit mille républicains. A la voix de la Patrie, ils ont monté sur les vaisseaux avec autant de gaieté qu'on les a vus si souvent voler à la victoire, et ils ont laissé aux spectateurs attendris le double sentiment du respect et de l'admiration.

1er Mai (à bord de la Sérieuse).

Pendant que nous cinglions vers Toulon, un aviso nous a rejoints, toutes voiles dehors, venant de Gênes. Son commandant a remis un paquet de lettres au général Baraguey d'Hilliers et tout aussitôt l'ordre fut donné de faire les signaux pour que le convoi entier vire de bord. Comme le temps était assez brumeux et les bâtiments éloignés les uns des autres, une partie a obéi aux signaux, une partie ne l'a pas fait. Le capitaine de la frégate *l'Aceste* qui commande le convoi a envoyé dans cette position une felouque au commandant des armes à l'effet de lui rendre compte et de prendre les ordres.

Les vents d'Ouest ont tourné à l'Est et l'on s'est porté aux îles d'Hyères pour profiter du premier vent favorable.

5 Mai (à bord de la Sérieuse).

Le 2, le général Baraguey d'Hilliers a écrit au citoyen Belleville qu'il avait reçu l'ordre de rétrograder sur Gênes, ce qu'il ferait le 7 ou le 8.

Le 14e Dragons doit débarquer et cantonner à Saint-Pierre d'Arena les 480 cavaliers qui étaient à bord de l'escadre. A cette nouvelle, le découragement le plus profond succède à l'enthousiasme des premiers jours.

Cette campagne s'ouvre sous de fâcheux auspices. Les aménagements pour les chevaux étaient insuffisants, malgré tous les soins qu'on en a pris, et beaucoup sont déjà en très mauvais état.

Nous sommes arrivés devant Gênes, mais nous n'avons pas encore débarqué.

22 Mai (à bord de la Sérieuse).

Toutes nos craintes étaient vaines, et le 20 nous nous réunissions enfin aux escadres parties de Toulon, de Marseille et de Civita-Vecchia.

Revenus à notre point de départ, nous sommes restés sur les bâtiments et l'on s'est borné à renouveler la provision d'eau, débarquer les malades et faire quelques modifications urgentes dans la répartition des troupes à bord ; cela nous a retenus jusqu'au 14 ; nous avons cinglé alors de nouveau vers les côtes de la Corse et, à hauteur du cap Melle, nous avons rallié le reste de la flotte.

Le coup d'œil est admirable et l'ordre qui règne dans la marche charme les regards : Chaque escadre se distingue par une couleur particulière et chaque navire a une disposition spéciale de ses flammes, ce qui permet aux yeux exercés de reconnaître les divers bâtiments de la flotte. Ainsi la Sérieuse, sur laquelle je suis embarqué, fait partie de la 3e escadre, qui est rouge et blanche, et elle ne porte son pavillon qu'au grand mat et à la misaine, sans flamme à l'artimon.

En vue de l'île de Malte, 15 Juin (à bord de la Sérieuse).

Les vents nous ont portés sans encombre vers l'île de Malte, et aussitôt que nous avons été en vue des côtes, le général en chef a donné ordre à tout le convoi parti de Gênes de se rallier à la frégate la Sérieuse et de se porter entre la Calle des Vieilles-Salines ou de Melléha et la Calle du port de Saint-Paul pour débarquer au point le plus avantageux.

Le capitaine de la Sérieuse était aux ordres du général Baraguey d'Hilliers pour cette opération. J'eus le bonheur d'obtenir la permission d'en faire partie et, à un signal donné, nous nous sommes embarqués sur les canots armés en guerre, pendant que quelques bâtiments du convoi s'approchaient de la terre en faisant signe qu'ils désiraient prendre de l'eau.

Les détachements qui étaient descendus dans les canots avaient été pris dans la 2ᵉ et la 29ᵉ demi-brigade légère qui fait partie de la division. Les grenadiers de la 13ᵉ et de la 69ᵉ de bataille devaient appuyer leur mouvement.

Le débarquement se fit fort promptement et par surprise; cependant les habitants ne se montrèrent point trop effrayés et nous firent assez bon accueil. Les gardes du grand Maître tentèrent de défendre les batteries de Melléha quand ils virent nos tirailleurs s'avancer; mais, après quelques coups de feu, ils se décidèrent à évacuer les ouvrages et entrèrent en composition.

Il y eut de semblables attaques sur l'île de Gozzo et la ville de la Valette. Tous les forts ont été occupés sans grande résistance. Les chevaliers de Malte sont pour la plupart français et beaucoup ont demandé à servir dans l'expédition que dirige le général Bonaparte. Celui-ci leur a accordé de grand cœur, et il leur a assigné, pour les embarquer, le *Dubois*, le *Causse* et le *Patriote*.

Beaucoup de Maltais, qui formaient le corps des chasseurs, ont aussi manifesté le désir de combattre dans nos rangs. Tout cela s'est passé en quelques jours à peine. Les détachements de dragons ont promptement ramassé le fourrage nécessaire aux chevaux embarqués, l'infanterie a renouvelé la provision d'eau et nous sommes prêts à mettre de nouveau à la voile.

Les bruits que l'on avait fait courir sur une expédition dans les Indes sont dénués de fondement. De Malte, nous nous dirigeons, en cherchant à éviter les croisières anglaises, vers les côtes de l'Egypte où, paraît-il, nous allons délivrer les habitants de la tyrannie des Mamelucks.

29 Juin (à bord de la Sérieuse).

Notre brave général vient de nous quitter, sa santé ne lui permettant pas de continuer une campagne dont les fatigues seront trop rudes pour lui; il retourne à Toulon avec les dépêches du général Bonaparte. Son départ nous a causé un vif chagrin, car nous l'aimions autant que nous l'estimions. C'est la frégate la

Sensible qui est chargée de le ramener en France, et la *Sérieuse* a reçu l'ordre d'aller prendre à bord de l'*Aquilon* le général de division Menou qui remplace le général Baraguey d'Hilliers. En même temps, les troupes de la division de Gênes ont reçu différentes affectations ; d'après les instructions du général Bonaparte, nous faisons brigade avec le 15e Dragons, sous le commandement du général Murat. Davoust a sous ses ordres le 18e Dragons, et ces trois régiments forment la réserve de cavalerie ayant à sa tête le général de division Dumas.

Ces différents ordres ont été envoyés, aujourd'hui même, du vaisseau l'*Orient* qui porte le général en chef et son chef d'état-major, le général Berthier.

Nous aurons sans doute quelque mission particulière à remplir, car le général Bonaparte a donné l'ordre que l'on attache à notre corps 6 pièces d'artillerie légère et nous avons reçu avec nous un commissaire des guerres particulier et un chef des différentes administrations.

Après avoir eu connaissance de l'île de Candie, nous nous dirigeons vers Alexandrie qui est le port le plus accessible de l'Egypte. Chaque convoi marche maintenant d'une manière distincte et avec les plus grandes précautions, car l'escadre anglaise de la Méditerranée cherche à rencontrer notre flotte et à la combattre, mais le général en chef s'est efforcé de lui dérober nos mouvements pour effectuer son débarquement sur la côte égyptienne.

Nous touchons au but, fasse le ciel que notre entreprise soit couronné de succès !

CHAPITRE II.

Premières Étapes. — Rosette. — Les Dragons à pied restent dans les divers postes pour y être montés. — Attaques incessantes des Bédouins. — Combat de Chobrakit.

ALEXANDRIE, 5 Juillet.

Le 2 Juillet, nous étions en vue du Pharos, et le général en chef prit aussitôt ses dispositions pour enlever la ville d'Alexandrie, avec les premières troupes débarquées.

Le mouvement s'est effectué pendant la nuit et nous avons eu le chagrin de rester sur les transports pendant que les régiments désignés dans les divisions Menou, Kléber et Reynier, descendaient dans les canots et abordaient à la pointe du jour, sur la côte africaine, leur audacieuse attaque contre la ville a été couronnée de succès, et la valeur française a promptement eu raison de l'aveugle fanatisme des Arabes.

Nos pertes ont été assez légères; cependant le chef de la 32ᵉ demi-brigade, a été tué en escaladant la muraille de la ville, les généraux Kléber et Menou, ont été blessés, le général en chef a couru les plus grands dangers, par la faute du pilote de sa demi-galère, qui s'est égaré dans la nuit.

Dès que la place d'Alexandrie fut en son pouvoir, le général Bonaparte donna l'ordre de débarquer les troupes restées à bord ce qui s'est fait dans la journée du 3 et la matinée du lendemain.

Les quelques chevaux que nous avons amenés ont été aussitôt sellés, mais le nombre en était bien faible et tous sont très fatigués.

Les harnachements que nous avions embarqués à Gênes ont été transportés à terre par nos dragons et rangés dans notre bivouac ; nous ne devons pas séjourner ici et nos hommes seront montés au fur et à mesure que l'on pourra se procurer des chevaux. Beaucoup d'officiers en avaient acheté aux habitants dès qu'ils avaient été à terre, mais le général Bonaparte qui en a été instruit, leur a donné l'ordre de les faire conduire chez le général Dumas, pour le service de la cavalerie, sous peine de se les voir enlever sans paiement. C'est grâce à cette mesure que je viens de recevoir comme monture un petit cheval du pays, qui me semble vigoureux et adroit, ses longs crins et son air vif, ses mouvements pleins de grâce, contrastent avec l'allure un peu lourde de nos chevaux d'Italie ; cette race est sobre et très résistante à ce qu'il paraît. Mais nos selles sont trop grandes et trop massives, il faudra prendre de grandes précautions pour éviter de blesser les chevaux dans les routes.

Le général Murat a reçu l'ordre de partir ce soir à cinq heures pour se rendre à Rosette en passant par Aboukir, les deux régiments de la brigade doivent marcher avec la division Kléber dont le général Dugua prend par intérim, le commandement pendant que le général Kléber, restera à Alexandrie, pour guérir la blessure qu'il a reçue à la tête.

Les dragons ont été prévenus que tous ceux qui emporteront leurs selles avec eux seront montés les premiers.

Les autres embarqueront leurs harnachements sur des bâtiments du pays que l'on appelle *Djermes* et le général Andréossy, conduira ce convoi par le Nil, vers le Kaire, qui est la capitale du pays et le but de nos premières marches.

Les bivouacs de cavalerie présentent déjà l'aspect le plus varié et le plus animé. Les légers hussards en dolman vert à tresses jaunes et pantalons écarlate, fraternisent avec leurs camarades les chasseurs uniformément habillés de vert des pieds à la tête. Les dragons plus nombreux se distinguent par la couleur des revers d'habit. J'aperçois l'écarlate du 3e dragons et le jonquille du 20e. En dehors de cela beaucoup de revers roses, qui, avec de légères différences dans la couleur du collet ou la forme des poches appartiennent aux 14e, 15e et 18e dragons.

Les indigènes se pressent sans crainte autour de nous. Nos casques de cuivre étincelant au soleil, nos lourds habits de drap, et nos culottes de peau enfoncées dans de grosses bottes forment un contraste étrange, avec leurs vêtements de laine blanche légers et flottants, bien mieux appropriés que les nôtres à ce climat brûlant.

En comptant le nombre de chevaux qui ont été débarqués du convoi et ceux qui nous ont été remis à Alexandrie hier, nous avons environ 60 dragons montés. L'ordre leur a été donné de ficeler pour deux jours de fourrages. Le 18ᵉ dragons qui bivouaque avec nous ne partira que demain avec le général Davoust. Nous commençons donc aujourd'hui nos étapes sur la terre d'Egypte. La colonne vient de se former ; en tête nos 60 hommes à cheval, puis un nombre à peu près égal de cavaliers à pied qui ont consenti à porter leurs selles dans l'espoir d'être montés à Rosette, ils ont fait un ballot de leur selle, bride et casque, et portent le tout sur la tête. Ils ploient à demi sous le faix mais leur gaieté n'en est point altérée et les plaisanteries qu'ils échangent montrent que la joie est dans tous les cœurs. Le chef de brigade Duvivier monte son beau cheval noir sur lequel il a fort grand air C'est bien là l'intrépide cavalier qui, il y a deux ans, au combat d'Anghiari, provoquait en présence des deux régiments, le colonel des chasseurs hulans de Merfeld qui se trouvait en face de lui, le tuait de sa main en combat singulier et chargeant ensuite avec les escadrons du 9ᵉ dragons, enfonçait la ligne des Autrichiens éperdus.

ROSETTE, le 7 Juillet.

La colonne s'est mise en marche le 5 au soir se dirigeant d'Alexandrie sur Aboukir. Pendant la première heure nous avons traversé les ruines de l'ancienne Alexandrie et nous nous sommes ensuite enfoncés dans le désert, derrière les guides que le général Dugua s'était fait procurer. La route, peu montueuse, traverse des dunes d'un sable mobile qui brûle les pieds. Au bout d'une demi-heure, nous avons rencontré une maison isolée avec un petit enclos où se cultivent les figuiers, les concombres, les pastèques et le raisin, la soif devenait intolérable et nous ne pûmes trouver qu'un mauvais puits plein d'eau saumâtre. La route se dirige ensuite vers le lac Béhiré et le cotoie sur un assez long parcours, mais le sentier est si étroit qu'il y a à peine place pour un cheval de front; puis nous revînmes le long de la côte et vers neuf heures, nous trouvions, entre le lac et les dunes, deux citernes d'une eau excellente où nos dragons se désaltérèrent longuement. Aboukir était tout près et nous n'avons pas tardé à découvrir cette misérable bourgade de 1.000 habitants environ, dont le château menace ruine.

Le bivouac fut aussitôt installé au-dessous du village. Nous avions eu d'abord la précaution de rappeler à nos hommes, que le citoyen Desgenettes, médecin en chef, a recommandé de se couvrir la vue pendant la nuit pour éviter les ophtalmies qui sont très fréquentes et douloureuses dans ce pays ; chacun s'établit de son mieux sur le sable et bientôt le plus profond silence régna parmi tous ces hommes épuisés par une marche si fatigante.

Le 6, la colonne s'est réunie à la pointe du jour sur la langue de terre Est du détroit qui s'élargit subitement et devient plus praticable : Au bout d'une heure de marche, nous avons rencontré un caravansérail, sorte d'asile construit pour les voyageurs. C'est un bâtiment carré de 20 toises de face qui renferme une bonne citerne, la route est toujours déserte et suit le bord de la mer. Enfin nous tirons vers la droite en suivant onze colonnes ruinées qui indiquent la route et nous ne tardons pas à apercevoir Rosette, dont les minarets blancs se mélangent agréablement avec la verdure des palmiers ; la ville est construite sur une colline dont les avenues sont difficiles à cause des dunes mouvantes.

Nos cavaliers démontés étaient harassés de fatigue et se traînaient avec peine. Heureusement ils trouvèrent dans les dunes quelques puits de très bonne eau qui soulagea leur soif ardente. Vers six heures du soir, nous entrions enfin dans la ville après quarante-huit heures de la marche la plus pénible à travers les sables brûlants où plusieurs soldats sont tombés morts de soif et de fatigue.

DAMANHOUR, 9 Juillet.

La journée du 7 a été employée à remettre un peu d'ordre dans nos détachements que ces premières étapes par de si grosses chaleurs ont un peu désorganisés. La moitié de nos hommes à pied reste sous le commandement du capitaine Caumont qui est le plus ancien pour fournir la garnison de la place. Cela doit soulager momentanément le service de l'infanterie et nos dragons rejoindront par fraction de dix hommes montés au fur et à mesure que le général Menou, qui va commander ici, aura réquisitionné des chevaux.

Tous les régiments de cavalerie sont déjà bien éparpillés ; il ne reste pas actuellement plus de 50 dragons montés avec le chef de brigade. Le 8 au matin, nous avons reçu l'ordre de prendre avec le 15e l'avant-garde de la division Dugua. La 2e demi-brigade légère a marché avec nous. De deux heures du matin à huit heures nous avons suivi un chemin très fatigant jusqu'à Deyrouth, qui est un gros village, en face de Foueh sur le Nil. Là, nous avons fait une longue halte qui a permis aux hommes de se reposer et de se rafraîchir aux citernes qui sont nombreuses. Nous prîmes ensuite la route de Damanhour, mais le général Murat a fait partir en avant un officier du 15e dragons avec quelques cavaliers pour annoncer au général en chef qui doit déjà y être rendu que nous arriverions dans la soirée. Il est admirable de voir avec quelle gaieté nos hommes supportent des marches aussi pénibles, les bédouins rôdent de loin autour de nous sans oser nous attaquer, mais les ordres les plus sévères ont été donnés pour qu'aucun homme ne s'écarte de la colonne, car la mort est l'inévitable suite de leur imprudence, nous laissons de nouveau à Damanhour des détachements d'hommes à pied, que le général Zayonschek a mission de remonter, et nous devons partir après-demain à deux heures du matin.

La division Dugua et la réserve du général Dumas forment maintenant l'arrière-garde de l'armée. Cette mission nous impose des luttes continuelles avec les traînards qui trouvent toujours quelque bon motif pour rester en arrière. Le pillage est l'unique but de ces mauvais soldats mais outre le déplorable exemple que donne une pareille conduite dans un pays que nous venons délivrer de ses oppresseurs, les imprudents paient journellement de leur vie la moindre course à l'écart des gros détachements.

OUARDAN, 18 Juillet.

Ramanieh a été fouillé par nos patrouilles, et nous nous sommes rendus à Miniet-Salamé le 12 ; le quartier général s'y trouvait déjà. Nous sommes en relation avec la flottille qui porte nos munitions, nos harnachements et une partie de nos hommes à pied. Chaque soir le général Andréossy a été obligé de les faire débarquer et coucher au bivouac avec les gardes ordinaires par crainte des habitants qui surprennent les embarcations endormies et pillent les chargements après avoir massacré l'équipage.

Il n'y avait encore eu aucune attaque des mamelucks ni des habitants dans notre marche Le général en chef a prescrit de respecter les propriétés et défendu de couper les arbres qui sont une des richesses du pays. Quelques hommes, s'amusaient à tirer des coups de feu sur des oiseaux ou des animaux sauvages qui s'approchaient à portée de fusil, ils ont ainsi causé de fréquentes alertes, chacun croyant à quelque attaque inopinée, aussi le général a défendu de décharger les armes sans motif dans les colonnes ; mesure d'autant plus sage que nous devons être presque en présence de l'ennemi, car les habitants du pays annoncent une réunion considérable de mamelucks aux environs. Mourad et Ibrahim-Bey veulent disputer l'entrée de l'Egypte à notre général en chef et nous allons demain peut-être nous mesurer avec ces cavaliers fameux dans le monde entier.

Le 15 nous avions couché à Nighlé et le 16 à Koum-Scherif. Le 17, le général Dugua arrivant à Al-Kam a reçu l'ordre de se porter sur Ouardan où l'armée a fait séjour pour se préparer au combat, les armes ont été mises en état, la rosée très abondante pendant la nuit et le sable fin du désert détériorant promptement les fusils.

Le combat de Chobrakit que l'avant-garde a livré aux mamelucks de Mourad a déjà habitué nos fantassins aux attaques rapides de ces cavaliers dont les armes étincelantes et les chevaux fougueux n'ont pu ébranler la fermeté de nos carrés. Le général Bonaparte n'a point voulu nous engager contre cette redoutable cavalerie, pensant que le nombre de nos dragons montés est trop faible pour qu'ils puissent accepter en ligne la charge des mamelucks. Cette prudence, peut-être justifiée, a causé une vive mortification parmi les cavaliers qui appellent de tous leurs vœux le moment où ils pourront mesurer leurs lattes contre les cimeterres des musulmans.

Cependant nos cavaliers ont déjà eu affaire avec les bandes de maraudeurs qui pillent et massacrent tout ce qui s'écarte de la colonne, ces bandits ont fui promptement à l'approche de nos braves dragons et plusieurs ont payé de leur vie la témérité de leur agression. Ils sont généralement montés sur des chevaux très rapides qu'ils manient avec la plus grande aisance et ils n'ont pas eu de peine à échapper par la fuite aux coups de nos patrouilles un peu lourdes dans leurs allures et pour lesquelles ce genre de combat est absolument nouveau.

CHAPITRE III.

Bataille des Pyramides. — Occupation du Caire. — Combats autour d'Alexandrie et belle conduite du dragon Cordier. — Installation de la cavalerie à Boulacq. — Désastre d'Aboukir.

Le Caire, 28 Juillet.

Les prévisions de notre général n'ont point été déçues et le 21 nous avons enfin vu face à face ces terribles cavaliers dont les sabres, disait-on, coupent un homme dans sa hauteur. Ils se sont précipités avec des cris sauvages sur les carrés de nos divisions mais tout leur élan est venu se briser contre les baïonnettes de nos grenadiers. Les cavaliers ont dû demeurer dans l'intérieur des carrés, faisant le coup de feu avec les fantassins jusqu'au moment où las de leurs infructueuses attaques, les mamelucks de Mourad ont tourné bride et suivi leur chef fuyant dans le désert. Nous avons alors eu l'autorisation de nous lancer à la poursuite des vaincus dont nous n'avons pu sabrer qu'un très petit nombre, car ils étaient montés sur d'admirables chevaux dont la vitesse a déjoué tous nos efforts. Tournant alors notre ardeur contre les défenseurs des retranchements d'Embabeh, nous avons taillé en pièce les bandes d'arabes qui cherchaient à en défendre les batteries pendant que les canonnières du général Andréossy victorieuses des Chébecs de l'ennemi couvraient de mitraille les défenseurs d'Embabeh pris à revers. Tout a fui ou a été noyé ; ce riche pays est purgé de la présence odieuse de ses oppresseurs et les notables du Caire sont venus apporter à notre général les clefs de cette antique et immense cité contemporaine des Pyramides près desquelles nous avons bivouaqué après la victoire.

Les cantonnements ont été aussitôt établis dans la ville. Nos hommes, sur les dépouilles des mamelucks, ont touché de grosses sommes, bourses remplies d'or, armes précieuses et riches habits qui ont été partagés entre les vainqueurs ; aussi l'allégresse la plus entière règne parmi les troupes qui se dédommagent maintenant de leurs fatigues et des privations de la route.

Du reste les vivres sont bon marché ici et les habitants nous apportent volontiers leurs provisions. Le général en chef a fait publier un tableau comparatif de nos monnaies et de celles de ce pays, ce qui évite toute contestation avec les indigènes. Une oie se paie couramment 26 sols ou 35 parats, un poulet 15 sols, une paire de pigeons 18, 3 œufs 3 liards ou un parat, le plus difficile à obtenir est la viande ; cependant la livre de bœuf ne vaut que 6 sols et celle de mouton 8.

Beaucoup de nos hommes ont eu de grosses parts de butin qu'ils dépensent avec la plus folle prodigalité. Ils ont pour la plupart de petits ânes du pays qui sont fort agiles, et c'est un spectacle réjouissant de voir de grands et forts dragons galoper à toute vitesse sur leurs bourricos, comme on les appelle dans le pays. Ils s'en vont ainsi à travers les rues qui sont étroites et très accidentées, le fusil avec la baïonnette sur le dos, recoquevillant leurs jambes qui traînent à terre. Le général en chef a dû prendre des arrêtés pour empêcher ces courses effrénées dans lesquelles bon nombre de gens étaient bousculés.

Nous avons eu quelques hommes blessés à l'affaire du 21, que le général Bonaparte a appelé bataille des Pyramides à cause de ces antiques monuments au pied desquels nous avons mis en fuite les mamelucks. On a organisé à Gizeh, à la maison de Mourad, un hôpital dans lequel les soins les plus attentifs ont été donnés à ces braves.

Plusieurs courriers sont déjà arrivés de Rosette et d'Alexandrie. Caumont nous écrit que tout le monde pille dans son détachement pour y chercher des ordonnances et leur faire panser les chevaux malgré les ordres du général en chef.

Il paraît que l'autre jour notre camarade a eu une altercation si vive avec le général Menou qu'il a été obligé de lui faire ensuite des excuses sur son mouvement d'emportement.

Les dragons qu'il avait dû mettre à la disposition du général pour le pansement des chevaux, voyant qu'on ne leur donnait ni foin ni avoine pour les nourrir, n'ont plus voulu y retourner ; la difficulté est devenue si grande, que Caumont fut forcé de payer de sa poche des cavaliers pour y aller, et encore n'ont-ils point voulu s'y rendre quand ils ont su ce qui en était. Là-dessus il s'est emporté avec une grande vivacité en donnant ses explications au général Menou, ce qui l'a obligé ensuite d'exprimer tout le regret qu'il avait de la grande chaleur avec laquelle il lui avait parlé et lui représenter que vingt-six ans de bons services prouvaient qu'il ne se départirait jamais de la subordination et de la justice.

Avec ces petites misères de l'occupation, le courrier nous a apporté le récit de combats que notre chef de brigade a mis à l'ordre et qui ait fait battre d'orgueil notre cœur, en nous prouvant que le 14ᵉ dragons se montre déjà digne sur ces plages lointaines de la renommée qu'il a acquise en Allemagne et en Italie.

Les bandes de Bédouins et d'Arabes n'ont pas tardé à assaillir les voyageurs, les isolés, et marauder jusqu'aux portes d'Alexandrie. Dans ces circonstances, le général Dumuy fut chargé avec une colonne mobile de purger les environs de ces hordes malfaisantes. Le maréchal-des-logis Moyen a montré pendant cette petite expédition autant de bravoure que de prudence à conduire sa troupe ; malheureusement quelques traînards furent massacrés et les effets pillés ; le général Kléber qui commande à Alexandrie prescrivit alors au chef d'Escadron Rabasse, du 3ᵉ dragons, de prendre avec lui 50 dragons du 14ᵉ qui se trouvaient déjà montés et d'aller tendre une embuscade aux Bédouins ce qu'il fit d'une façon si heureuse qu'il put les charger en plaine et leur tuer 43 hommes pendant qu'il n'avait lui-même que 3 cavaliers blessés. Il prit à ces pillards des fusils à la turque, des pistolets, des sacs de poudre et de plus quelques effets de Français, ceintures, chemises et des paquets de cartouches qui prouvaient que ces bandits avaient dévalisé la colonne Dumuy.

Le commandant Rabasse s'est loué tout particulièrement du courage et du sang-froid du maréchal-des-logis Moyen qu'il a employé dans cette affaire.

Il a de plus rendu compte en ces termes au général Kléber d'une action du citoyen Cordier, dragon au régiment. Le général l'a fait parvenir ainsi qu'il suit à notre chef de brigade :

« C'est rendre un service à la République, de la mettre à même de distinguer ses plus braves défenseurs. Aussi crois-je vous faire plaisir en vous rendant compte de l'action du citoyen Cordier, dans la reconnaissance qui a eu lieu sous les ordres du général Dumuy.

« Un détachement du 14ᵉ Régiment de dragons s'étant trouvé cerné par les Bédouins, le maréchal des logis qui le commandait fut obligé de diviser sa troupe en deux parties pour se faire jour à travers ces brigands. La troupe qu'il détacha se fit passage, mais celle qu'il avait conservé avec lui ne put empêcher ce brave militaire, et le citoyen Cordier, dragon, de rester aux mains des ennemis. Après la plus vigoureuse résistance, le maréchal des logis, perdit la vie et le citoyen Cordier tomba percé de huit blessures différentes.

« Le lendemain le même détachement s'étant trouvé obligé de charger les Bédouins, le dragon Cordier quoique affaibli par la perte de beaucoup de sang voulut partager l'honneur de ses camarades, et eût encore le courage de charger l'ennemi. »

Le 24 le général Dugua reçut l'ordre de quitter le Caire pour se rendre à Boulacq où nous l'avons suivi. Les détails arrivaient peu à peu sur la bataille des Pyramides où tout le monde s'est conduit avec la plus grande valeur. Les citoyens Monge, Berthollet et Bourrienne qui suivaient à cheval l'état-major du général Bonaparte ont montré que lorsqu'il s'agissait de combattre les ennemis de la patrie tout Français était soldat.

Après les chaleurs excessives et les fatigues que nous avons supportées et qui passent toute expression, nous nous dédommageons avec délices dans les cantonnements que nous occupons.

Pendant plus de quinze jours nous n'avons pu avoir une bouchée de pain et nous avons vécu uniquement de viande, de fèves et de melons d'eau que l'on faisait cuire à cause de leur peu de salubrité. L'eau salutaire du Nil appaisait seule notre soif ardente et procurait chaque jour un bain nécessaire, cette eau est si saine qu'aucun soldat n'en a été incommodé quoiqu'ils en aient tous bu avec excès.

Nos camps de Boulacq sont très bons, les habitants se sont promptement familiarisés avec nous et nous remercient de les avoir délivrés des mamelucks. Les hommes et les femmes sont très basannés ; les hommes grands et forts, les femmes petites, maigres et hideuses, tous se peignent en bleu quelque figure sur le visage et sur les bras et laissent les enfants courir tout nus jusqu'à huit ou neuf ans.

Nos hommes à pied, sauf ceux qui sont avec le général

Zayonchek, se sont rendus le 27 à la ferme de Mourad sur la rive gauche du Nil à une demi-lieue de Gizeh. Ils doivent être envoyés dans les différentes provinces dès qu'elles seront complètement purgées des bandits qui les infectent, et seront montés en chevaux de réquisition.

LE CAIRE, 3 Août.

Le général en chef pousse avec beaucoup d'activité la remonte de la cavalerie, dont on a grand besoin pour chasser un ennemi qui se dérobe par la fuite aux coups de l'infanterie et va recommencer un peu plus loin ses pillages.

La difficulté de se procurer des chevaux est assez grande ; les officiers et employés qui en ont acheté les cachent avec soin pour éluder les prescriptions du général Berthier, aussi a-t-il été ordonné de faire à l'improviste des patrouilles de cavalerie qui enlèvent aux employés les chevaux qu'ils ont en trop ; dans les premiers jours d'août un certain nombre a été, grâce à cette mesure, dirigé sur le dépôt de Boulacq.

De plus les provinces doivent contribuer à cette remonte ; l'adjudant général Jullien a reçu l'ordre de partir avec une compagnie du 3e bataillon de la 25e demi-brigade, d'emporter six jours de vivres et de prendre à Menouf, où se trouve le général Zayonchek, cent dragons à pied de notre régiment. Il se rendra ensuite à Mehallet-el-Kébir, dans la province de Garbieh, pour l'organiser suivant les prescriptions du général en chef.

Le général Murat quitte le commandement de la brigade qui est divisée elle-même ; le 15e dragons part avec le général Leclerc. Quant à nous, nous avons l'ordre de nous rendre au Caire pour y faire le service de la place et nous passons sous les ordres du général Davoust avec le 18e dragons. Le général Murat avec de l'infanterie est-chargé d'organiser la province de Kelioubé, un autre se rend dans le Bahiré ; enfin le général Desaix embarque sa division et va poursuivre, dans la haute Egypte, Mourad et ses mamelucks qui s'y sont réfugiés.

Le Caire est une ville immense car outre que sa population est de près de 600.000 habitants, les maisons n'y sont pas serrées et occupent plus de place que dans une ville d'Europe ; les gens du Caire ne semblent pas nous voir d'un mauvais œil, cependant il y a toujours parmi eux de misérables fanatiques qui peuvent exciter leur aveugle colère contre la poignée de Français perdus au milieu d'une si nombreuse population. Afin de parer à ce danger qui n'est que trop à prévoir, des ordres ont été donnés, en cas d'insurrection, de tirer huit coups de canon de minute en minute. A ce signal tout le monde doit se rendre en armes sur la place d'Esbequieh pour y recevoir des instructions.

Les distributions se font ici avec assez de régularité, mais nous n'avons ni vin ni eau-de-vie, tandis que l'on assure qu'à Rosette et à Alexandrie la garnison en touche des rations jusqu'à trois fois la semaine. Nos chevaux mangent sept livres de foin et deux tiers de boisseau d'orge ou de fève, ce qui remplace l'avoine d'Europe. Les dragons ont droit à 16 onces de pain, mais on ne peut pas toujours assurer les distributions et l'on remplace alors par du riz ou des légumes le pain qui manque. Le général en chef a réduit aussi la ration de viande, cette nourriture étant malsaine dans les grandes chaleurs.

LE CAIRE, 10 Août.

Un malheur irréparable vient de frapper notre armée. La flotte anglaise est venue assaillir nos vaisseaux le 1er août dans la rade d'Aboukir, et après une résistance héroïque, la plupart des bâtiments de guerre ont été pris ou coulés.

L'Orient, ce magnifique navire qui portait notre général en chef a été incendié et a sauté avec une partie de l'équipage. Le jeune fils du brave Casabianca n'a point voulu, à ce que raconte un marin échappé au désastre, abandonner son père. Cet enfant de 9 ans a eu le courage de dire que l'honneur lui commandait de rester près de lui et il a partagé sa mort glorieuse. On cite bien d'autres faits qui prouvent la valeur de nos marins, mais la fortune les a abandonnés. A peine reste-t-il quelques bâtiments à moitié désemparés, tels que le *Causse* et l'*Alceste* ; tout le reste a péri misérablement avec l'amiral Brueys, sauf quatre ou cinq navires que l'amiral Villeneuve a pu dérober aux coups de l'ennemi. On pense qu'il s'est dirigé sur Malte.

Le général en chef en portant ces faits à la connaissance de l'armée ne paraissait point ébranlé. Il se bornait à flétrir la conduite du commandant du *Franklin* qui, croyait-il, avait amené son pavillon sans avoir éprouvé de graves avaries. Mais on a su depuis que la conduite du *Franklin* avait été à l'abri de tout reproche ; ses batteries étaient entièrement démontées et ses mâts hachés par la mitraille, l'équipage réduit à une poignée d'hommes lorsque le capitaine de frégate Martinet s'est rendu aux Anglais.

Nous voilà pour ainsi dire abandonnés dans ce pays lointain, car la patrie ne pourra d'ici longtemps mettre à la mer une flotte capable de disputer la souveraineté de la Méditerranée aux escadres anglaises. Eh bien nous sommes prêts à affirmer ici la domination de la France ou à mourir glorieusement. Le malheur loin de nous abattre a exalté tous les courages. L'Egypte deviendra française malgré tous les efforts des Anglais et je m'habitue sans peine à l'idée de demeurer dans ce pays si loin pourtant de notre chère patrie.

La nécessité de subvenir à tous les besoins d'une armée aussi nombreuse dans un pays dénué des ressources les plus ordinaires a décidé le général en chef à demander aux corps les ouvriers nécessaires à toutes les entreprises. Chacun reprend ici le métier qu'il exerçait avant d'avoir l'honneur de porter les armes pour la défense de la République. En dehors de leur service des postes, nos dragons sont redevenus maçons pour construire les fours qui manquent absolument, d'autres sont terrassiers, d'autres boulangers, imprimeurs, corroyeurs. Tous se sont soumis de bonne grâce aux exigences d'une situation si nouvelle, chacun sent qu'il doit aider ses semblables pour obtenir d'eux du retour. Au reste les habitants que l'on emploie comme auxiliaires dans tous les travaux ne manquent point d'intelligence ; c'est le despotisme des mamelucks qui les avait amenés à ce point de barbarie.

—•⁙•—

CHAPITRE IV.

Poursuite d'Ibrahim-bey vers Belbeis, combat de Salehié. — Organisation des légions nautiques et maltaises, et de corps indigènes. — Fêtes données par le Général en chef pour l'inondation du Nil. — Organisation de l'habillement et des remontes. — Expédition de Junot. — Le 14ᵉ Dragons au Caire.

Le Caire, 20 Août.

Le Général en chef ne pouvait souffrir plus longtemps la présence d'Ibrahim-bey qui s'était rejeté du côté de Belbeis après la bataille des Pyramides.

Il envoye d'abord le général Régnier vers L Anka et le 9 il se mit en route avec ce qu'il avait de cavaliers montés disponibles à Boulacq.

Le 3ᵉ et le 15ᵉ dragons ont fournit avec le 7ᵉ hussards et le 22ᵉ chasseurs environ 300 chevaux ce qui, en y ajoutant les guides à cheval commandés par le chef de brigade Bessières formait un total de 400 chevaux. Nous avons en la douleur de ne point partager les fatigues et la gloire de nos frères d'armes.

Le Général en chef a voulu conserver au Caire un peu de cavalerie pour affermir une fidélité encore douteuse.

Après deux jours de marche, l'avant-garde de notre cavalerie atteignait à Salehié l'arrière-garde d'Ibrahim composée de mille Mamelucks d'élite. Ces braves gens sans compter le nombre se précipitèrent sur l'ennemi avec lequel ils engagèrent un furieux combat. Le chef d'escadron La Salle du 7ᵉ hussards s'y couvrit de gloire, toujours au plus épais de la mélée et il se conduisit en héros, mais les hussards et les guides étaient trop peu nombreux pour supporter l'effort d'une si formidable cavalerie et déjà ils commençaient à plier malgré la présence du Général en chef au milieu d'eux, quand les dragons du 3ᵉ et du 15ᵉ accoururent et vinrent rétablir le combat. Bientôt les Mamelucks furent contraints de tourner bride abandonnant plusieurs étendards, deux pièces de canon et du bagage.

C'était le premier combat dans lequel la cavalerie à elle seule décidait du succès malgré l'infériorité du nombre. Ainsi ces Mamelucks si renommés ne peuvent à trois contre un supporter le choc de nos dragons. Ce premier succès est le gage certain des plus considérables. Désormais l'appréhension qu'inspiraient les cavaliers de l'Orient s'est évanouie pour toujours.

Après cette rencontre, Ibrahim s'enfonça dans le désert avec les débris de sa troupe. On pense qu'il va se réfugier auprès du pacha d'Acre.

Dès son retour, le Général en chef, pour soulager le service des troupes françaises, décida l'organisation dans les différentes provinces de corps indigènes.

On a déjà créé à Alexandrie une compagnie de janissaires pris parmi les habitants de bonne volonté ; cette troupe compte trente hommes à cheval et autant à pied commandés par un capitaine et un lieutenant.

Le capitaine a 80 livres de traitement par mois et le lieutenant 50, ils touchent de plus deux rations par jour.

Les hommes n'ont point de solde à proprement parler, mais l'ordonnateur en chef leur fait payer 7 médins par jour pour leur nourriture, et 10 pour la nourriture des chevaux.

Ceux qui sont montés ont deux maréchaux des logis et quatre brigadiers ; ils sont armés de sabres et de pistolets. Les fantassins ont également deux sergents et quatre caporaux. Ils portent un bâton ferré pour toute arme.

Le Général en chef prescrit en même temps d'organiser sous le nom de Légion nautique les marins de la flotte qui se sont échappés d'Aboukir ou que les Anglais ont renvoyés sur parole. Ceux-là ne pourront servir qu'à l'intérieur du pays. Le capitaine de frégate Martinet qui en a pris le commandement pense pouvoir, avec des embauchages parmi les matelots étrangers napolitains, maltais ou espagnols, porter la légion nautique à 1.000 hommes.

Le reste des marins doit être employé à la navigation sur le Nil. Ce service exige un grand nombre de bâtiments puisque tous les transports s'opèrent par voie d'eau.

Les Maltais qui ont suivi l'expédition à son départ de La Valette

formeront une légion sous les ordres du citoyen Mac-Sheedy, mais
je doute qu'il fasse jamais belle besogne avec ces gens là qui sont à
peu d'exceptions près pillards, lâches et paresseux.

Les routes ne sont pas encore assez sûres pour que le service des
diligences établies par le général en chef, puisse se passer d'escorte,
plusieurs avaient été déjà pillées par les bandits du désert, dans
les dernières semaines; aussi forme-t-on au Caire, des compagnies
turques et grecques qui aurait pour mission de les protéger.

L'organisation de ce pays où la civilisation semblait éteinte,
marche rapiment grâce à l'admirable activité et au génie de Bona
parte, aussi habile politique que grand général.

C'est ainsi qu'il se concilia l'amitié des habitants du Caire, par
la solennité qu'il a donnée à l'ouverture du canal pour les inondation du Nil.

Le 18, au lever du soleil, il se rendait à cheval, suivi de tous les
généraux et des grands de l'armée, du lieutenant du Bacha, de
l'aga des janissaires et des membres du Divan à l'endroit où se
trouve le Nilomètre. Les habitants du Caire, sans nombre, se ré-
jouissaient et se promenaient sur le bord du Nil comme dans un
jour de fête. La troupe sous les armes, les bateaux ornés et embel-
lis avec des bandelettes de toutes les couleurs formaient un coup
d'œil admirable et ravissant. A l'arrivée du général en chef et de
sa suite au Nilomètre, les troupes qui étaient sous les armes ont
fait une décharge en signe d'allégresse.

Pendant qu'on travaillait à l'ouverture du canal, les tambours,
la musique française et la musique arabe jouaient en même temps.
Dans ce même moment, le Nil, ce fleuve bienfaisant s'est élevé
tout d'un coup et est entré dans le canal comme un torrent impé-
tueux.

Par la bonté divine, toutes les terres ont été inondées dans l'instant. Le général en chef répandait des médins par milliers sur le
peuple, il a distribué aussi des pièces d'or en grande quantité aux
personnes qui sont entrées les premières dans le canal.

Il a revêtu ensuite le Cadi-Laskar d'une pelisse de martre, le
représentant des Shérifs d'une pelisse sans martre et les principaux
de sa suite, de trente-huit caftans.

De là ils sont revenus à la place de l'Esbékié suivis des habitants innombrables qui criaient en chantant la louange du prophète et celle de l'armée française. Il ont accablé de malédictions les tyrans de Beys.

« Dieu, disent-ils, vous a donné la victoire, et l'inondation du « Nil, est la plus complète que l'on ait vue de cent ans, ce sont là « des preuves de sa protection et de sa faveur. »

Les embellissements et la joie règnent encore pendant ces jours à cause de la fête de la naissance du prophète.

Cette solennité a duré quatre jours, et pendant la nuit, la maison du général en chef, celle du général Dupuy et celle du Cheik El Bakri étaient illuminées.

Les musulmans se promenaient dans la ville jusqu'à minuit, chantant des poëmes à la louange du prophète et priaient Dieu, des cierges à la main et en se balançant.

Au jour précédent tous les grands fonctionnaires de l'armée se sont rendus chez le Cheik El Bakri, avec des cierges allumés et accompagnés de la musique militaire, et à leur entrée et à leur sortie de chez le Cheik, les soldats faisaient feu en signe de joie.

Le général en chef après avoir donné un repas magnifique dans le goût des gens du pays, s'en est retourné chez lui et à son retour on a commencé d'allumer un feu d'artifice, fait par des artistes du pays et joliment travaillé.

Après ces fêtes, le général Bonaparte s'occupa de pousser activement les services de l'armée, principalement celui de l'habillement pour lequel on emploie maintenant les étoffes du pays plus légères que nos draps ; les vêtements que nous avions apportés avec nous ont été promptement usés et brûlés par les routes ou les bivouacs ; beaucoup de dragons sont presque en guenilles ; mais nous devons recevoir les draps nécessaires pour la confection de cent cinquante habillements complets ; on a de plus donné aux hommes des pantalons de toile amples et des gilets d'écurie pour le pansement des chevaux, ce qui ménage les habits ; les bonnets de police sont remplacés aussi par des bonnets de cuir à la maltaise, plus appropriés au service sous ce climat.

Nous commençons à recevoir les chevaux provenant des réquisitions faites à Rosette, à Menouf et dans le Garbieh ; ils sont aussitôt répartis dans les corps, harnachés à la dragonne ou à la hussarde suivant leur affectation et donnés aux plus anciens cavaliers.

Leurs allures sont très différentes de celles de nos chevaux européens, leur galop est si aisé que les plantons en abusèrent promptement, et le général en chef dut prendre un arrêté ordonnant que tout cavalier qui sera trouvé à galoper son cheval sans que sa dépêche l'y oblige sera démonté sur le champ et le cheval remis à celui qui doit être monté après lui.

Les Arabes ne laissent guère nos bivouacs en repos. Ils rôdent sans cesse la nuit pour voler nos chevaux mais les palefreniers et les dragons mettent la plus grande vigilance à les observer, car tout cavalier qui laissera voler son cheval sera condamné à le payer ce qu'il sera estimé par le capitaine de la compagnie, et il ne lui en sera fourni un que lorsque tout le régiment en aura eu.

LE CAIRE, 29 Août.

Quelques expéditions ont déjà eu lieu aux environs du Caire, pour chasser les bandes de Bédouins qui les infestent. Le 28, le chef de brigade Junot, emmena avec lui un détachement de 160 hommes, pris dans le 3ᵉ, le 20 et le 14ᵉ dragons, et poussa du côté de Nagel, vers la mer Rouge ; les bandits, prévenus sans doute, avaient fui à notre approche et nous n'en pûmes capturer aucun. On s'est borné à laisser à Horra, sur notre passage des proclamations du général en chef pour réprimer le brigandage.

En même temps, le régiment, attaché à la division Bon, fut envoyé au Caire, où nous avons rejoint le 3ᵉ et le 20ᵉ dragons qui s'y étaient déjà rendus. Les escadrons du régiment ont été établis dans les maisons des Mamelucks, du côté de La Coubé. Les hommes et les chevaux s'y trouvent fort bien et nous oublions dans cette vie facile les fatigues des derniers jours.

CHAPITRE V.

Réquisition des chevaux pour la cavalerie. — Incorporation de Mamelucks dans les régiments français. — Fêtes de l'établissement de la République au Caire. — Punition des maraudeurs à Alexandrie. — Établissement de la Cavalerie à Boulacq. — Relation de la bataille de Sédimann.

LE CAIRE, 4 Septembre.

Le Général en chef a ordonné que les différentes provinces de l'Egypte fourniraient suivant leur importance des chevaux pour la cavalerie à titre de présents d'usage.

Il en faut environ 1.700 à 1.800 pour monter la plus grande partie des hommes à pied, mais afin d'obtenir un bon recrutement, il a été prescrit de ne recevoir que des chevaux en âge et en état de servir. Pour éviter toute fraude, le procès verbal de réception est signé par le commissaire des guerres, le général et l'officier commandant la cavalerie.

Le Général en chef avait bien prévu que les Etats-Majors chercheraient à s'en approprier, mais comme il les destine uniquement à la cavalerie qu'il veut remonter promptement, il a expressément défendu d'en détourner ou d'en changer aucun sous quelque prétexte que ce soit.

Nous avons déjà reçu de Mit-Kamar un détachement de 12 hommes et de 32 chevaux qui sont assez beaux mais en mauvais état par manque de nourriture et de pansement.

Je ne sais pas trop quand le régiment pourra se trouver réuni et monté, et tous les autres sont en pareille condition. Beaucoup de généraux ou d'employés ont retenu des dragons pour leur service malgré les ordres exprès du général Berthier. De plus nous avons un gros détachement à pied avec le général Menou à Rosette et le général Kléber a gardé 50 cavaliers montés du 14e Dragons pour faire de petites expéditions autour d'Alexandrie; il y a dans les environs des escarmouches très fréquentes qui tiennent les hommes en haleine, mais l'inondation qui fertilise l'Egypte entrave beaucoup

3

notre action et ne permet l'emploi de la cavalerie que sur très peu de points.

Le général en chef qui veut utiliser toutes les ressources incorpore les jeunes mamelucks dans nos régiments à raison de 9 par bataillon et de 4 par escadron ; ceux au-dessous de quatorze ans serviront comme tambours. On va les habiller de suite à l'uniforme des corps et les instruire à la française. Nous aurons là d'agiles et vigoureuses recrues.

LE CAIRE, 22 Septembre.

Les préparatifs de la fête du 1er Vendémiaire qui est l'époque de l'établissement de la République ont été faits avec la plus grande solennité et de manière à frapper l'imagination des musulmans, tout en exaltant le patriotisme des bons français.

Le général en chef avait ordonné que l'on dressât au milieu de la place d'Esbequieh une pyramide à sept faces destinée à recevoir les noms des braves qui sont morts à la conquête de l'Egypte. Les cinq premières contenaient les noms des hommes des cinq divisions d'infanterie, la sixième était destinée à la marine, la septième pour l'état-major général, la cavalerie, l'artillerie et le génie.

A sept heures du matin les troupes en garnison au Caire se disposèrent dans l'ordre arrêté par le général Berthier. Le côté du carré de l'Arc de triomphe était occupé par les hommes non montés de troupes à cheval ; et la cavalerie en bataille était sur les deux ailes au commandement du général Dumas.

Après la revue que passa le général en chef, les troupes exécutèrent quelques manœuvres et des mouvements dont la précision frappèrent d'admiration tous les spectateurs. Puis à un signal donné les troupes des divisions Bon et Lannes, avec la cavalerie formèrent seize colonnes qui s'avancèrent au pas de charge vers la pyramide et s'arrêtèrent à quinze toises environ. Tous les drapeaux reçurent alors les inscriptions qu'ils doivent porter après la campagne d'Egypte et qui sont : Alexandrie, Chebreiss et les Pyramides.

Une députation par bataillon ou escadron se porta ensuite en dehors de la ville pour aller planter le drapeau tricolore sur la plus haute Pyramide.

Une ration de café et une de vin avaient été accordées pour les jours complémentaires et les soldats se répandirent dans la ville en chantant des hymnes patriotiques tels que le *Chant du Départ* ou la *Marche des Marseillais*.

La place d'Esbequieh avait été disposée par les soins du général Berthier de façon qu'on y put faire des courses à cheval et à pied.

Elles eurent lieu à quatre heures et offrirent beaucoup d'intérêt pour les spectateurs. La distance était de treize cents toises environ et on y avait engagé quatre chevaux dont un français seulement.

Personne ne doutait que les chevaux arabes qui sont beaucoup plus vifs ne le laissâssent de beaucoup en arrière ; mais contre toute attente, ce cheval qui appartenait au citoyen Sucy, ordonnateur en chef, arriva le premier après avoir fait son tour en quatre minutes tout juste, le cheval du général Berthier n'arriva que 15 secondes après, celui du citoyen Junot encore en arrière. Et les chevaux arabes paraissaient harrassés tandis que le cheval français ne semblait point fatigué ni en sueur.

Les courses à pied furent aussi fort belles, et l'on distribua aux vainqueurs des timbales et d'autres objets. Enfin le soir, la ville était toute illuminée et en liesse. Le général Bonaparte prononça une allocution qui fut ensuite imprimée et qui remplit d'ardeur tous les cœurs vraiment français. Il rappelait les exploits des cinq années précédentes en Italie et sur le Rhin et il finissait par ces mots : « Aujourd'hui sur les bords du Nil, au centre de l'ancien « continent, cette armée fixe les regards de toutes les nations ; elle « y périra avec gloire ou rentrera en France couverte de lauriers. »

BOULACQ, 10 Octobre.

Oui, la prédiction de notre général en chef se réalisera, j'en ai pour garant les exploits de nos compagnons d'armes, assez heureux pour se mesurer avec nos ennemis. Le 2 de ce mois, à Chouara, dans la province de Charkié, un petit détachement de 4 à 500 Français, dont quelques dragons du 18ᵉ, fut assailli pendant qu'il allait aider aux réquisitions, par plus de 10.000 Arabes. Charger cette vile multitude et la disperser à coups de baïonnettes fut pour ces braves l'affaire d'un moment, ils les poursuivirent jusqu'au Nil, et en tuèrent ou noyèrent près de 1.500. Deux canons et trois drapeaux furent les trophées de ce brillant succès. Parmi ceux qui se distinguèrent le plus, l'ordre du jour mentionne le nom du citoyen Pampeno, de la 4e Cie du 18e Dragons, qui enleva un drapeau à l'ennemi ; nous n'avons eu à déplorer la perte que d'un seul tué et quatre blessés.

Notre chef de brigade, Duvivier, m'envoya à Alexandrie, le 4 de ce mois, pour y prendre une cinquantaine de selles à notre magasin, et ramener un détachement de dragons montés. Pendant mon court séjour dans cette ville, je fus témoin d'une de ces exécutions que les vols et les pillages continuels rendent trop souvent nécessaires.

Deux voleurs de dattes étaient promenés, deux fois le jour, à travers le camp d'Alexandrie, portant ostensiblement les grappes de dattes, leur habit retourné et sur la poitrine un écriteau avec cette inscription : « Maraudeur ».

Le général Kléber est très sévère pour ces sortes de fautes jugeant, avec raison, que les pillards nous aliéneront une population qui paraît assez douce et qu'ils nous rendent semblables dans son esprit aux brigands que nous sommes venus détruire.

Au reste, le pays est toujours très peu sûr, aussi le général Berthier vient-il de prescrire que tous les officiers, non seulement de l'infanterie, mais de l'état-major et de la cavalerie devront se munir sans retard de carabines, en attendant que les magasins puissent leur en fournir.

Cette précaution est nécessaire pour repousser les agressions des Bédouins qui massacrèrent récemment les adjoints Gallois et Jullien, tout près de postes qui ne les entendirent point.

A mon retour, j'appris que nous quittions le Caire où le 3e Dragons restera seul pour faire le service, et que nous allions dans l'île de Boulacq, occuper une vaste construction appelée l'Okel des Riz. Les bâtiments en briques forment autour d'une cour centrale un rectangle d'environ cinquante toises sur vingt de profondeur, les voûtes sont assez épaisses pour rendre l'intérieur des écuries frais ; il faudra peu de transformations pour rendre l'Okel susceptible de loger cinq cents hommes montés.

Je suis, pour ma part, très satisfait de cette mesure, car si l'inondation du Nil empêche encore longtemps des marches de cavalerie, à travers le pays, il importe de rassembler les hommes dans les mêmes bâtiments pour les ramener à une discipline plus exacte et les exercer à la manœuvre, au fur et à mesure que nous recevrons des chevaux. La nécessité d'employer les soldats de l'expédition à divers métiers, pour subvenir aux premiers besoins de l'armée, a forcément relâché la discipline et le pillage des biens des mamelucks n'y a pas peu contribué non plus.

Il est arrivé au Caire des lettres du général Desaix, qui a été chargé de poursuivre Mourad bey dans la haute Egypte. Le rapport sur la victoire de Sedinan, qu'il vient de remporter, montre que la fougue aveugle des mamelucks viendra toujours se briser contre le calme intrépide de nos soldats.

« Tirez donc », disait Desaix aux grenadiers de la 61e de bataille, en voyant un gros de mamelucks fondre sur eux. — « Qu'à vingt pas, mon général », lui répondirent-ils et, dans le fait, ils attendirent le commandement de leur chef de bataillon, le citoyen Eppler, qui leur fit exécuter le feu comme au terrain d'exercice.

« Feu à dix pas et croisez la baïonnette », criait plus loin le citoyen Valette, capitaine des chasseurs de la 21e. Les mamelucks sont déjà sur lui ; dans leur rage de ne pouvoir rompre les rangs de ces braves, ils font cabrer leurs chevaux au-dessus des chasseurs et leur jettent des fusils, pistolets, sabres, poignards et masse d'armes. Quelques chasseurs tombent assommés sous leurs coups, mais la mitraille délivre enfin ce petit carré, trop brave, qui n'a voulu se battre qu'à la baïonnette.

Quelle entreprise ne peut tenter un général comme Bonaparte lorsqu'il commande de tels hommes.

Ici nous vivons d'une façon fort calme et n'était l'ardeur du soleil et la diversité des arbres et des costumes, on pourrait se croire dans quelque petite garnison de France. Les prescriptions du service de place ont été remises en vigueur et les journées se passent à faire l'exercice à pied et les manœuvres à cheval.

Cependant il fait toujours bon veiller, car l'autre nuit un maréchal des logis et trois hommes du 7e régiment se sont laissés voler leurs chevaux. Le Général en chef appliquant la décision qu'il avait prise récemment a cassé le maréchal des logis et infligé dix jours de prison aux hommes qui paieront de plus 200 livres sur leur solde à raison de 3 sous par jour.

La tenue de tous les trompettes de l'armée est aujourd'hui des plus brillante. Le premier que j'ai vu dans le nouvel uniforme, c'est Echmann notre trompette major sanglé dans le dolman bleu de ciel par lequel le Général en chef a remplacé l'ancien habit. Ce vêtement est d'un bel aspect et nos trompettes sont très fiers de cette distinction. J'espère qu'ils sauront la mériter en nous sonnant bientôt la charge au plus épais des rangs ennemis.

Cela ne tardera point à en juger par les mesures que prend le général Bonaparte. Il a donné l'ordre au général Berthier de faire rentrer à Boulacq tous les détachements du 14e qui se trouvaient épars dans les provinces, en ne laissant que 100 dragons à Rosette et 50 à Alexandrie. Encore cette mesure est provisoire et le régiment tout entier doit être réuni d'ici peu à l'Okel.

Le général Lanusse qui a remplacé à Menouf le général Zayonchek a reçu l'ordre de hâter la levée des chevaux dans sa province. Nos selles sont arrivées et les selliers travaillent jour et nuit à y faire les modifications que le chef de brigade Duvivier a prescrites pour les approprier aux chevaux que nous recevons. Les eaux du Nil baissent rapidement et le général Bonaparte veut avoir maintenant un corps de cavalerie imposant pour en finir avec les insurrections des tribus et les bravades de Mourad-bey.

Tous les hommes qui étaient détachés sont rentrés à leurs corps et il a été défendu aux officiers, principalement à ceux de 20e dragons, d'employer des cavaliers pour leur service, parce qu'ils les exemptent de différentes corvées lorsque les peines et les fatigues doivent porter également sur chacun.

Tous les corps auxquels il manquait des fusils, ont reçu ordre de toucher leur complément, et le sous-lieutenant St-Jean, est allé à l'arsenal du vieux Caire, où le général Dommartin, lui a remis 150 fusils, pour les régiments de dragons qui sont à Boulacq.

CHAPITRE VI.

Expéditions contre des tribus insoumises. — Récolte du Caire. — Mort du général Dupuis et de l'aide de camp Sulkowski. — Belle conduite des guides à pied. — Tentative de débarquement des Anglais à Aboukir, — Installation de la cavalerie à l'Okel des Riz. — Affluence d'engagés. — Projets de Desaix pour la campagne d'hiver.

Quelques expéditions ont été faites du 15 au 20 de ce mois, pour réprimer les insurrections des tribus qui refusaient de livrer des chevaux, ou de payer l'impôt.

Le général Dumas, est allé avec un détachement du 15e et du 20e de dragons, enlever près d'El Anka, les chameaux et autres bêtes de somme d'une tribu arabe insoumise, et de protéger l'arrivée d'un convoi que le général Reynier envoyait de Belbeis.

L'opération fut parfaitement conduite, la petite colonne bivouaqua la nuit à Mata-rield et le lendemain elle tombait à l'improviste sur les Arabes qu'elle a dispersés. Le lendemain elle est rentrée à Boulacq, escortant un nombreux convoi qui provenait de ses prises.

Le 19, le général Davoust, prit une cinquantaine de dragons au régiment et autant au 18e pour une escorte de convoi à Salehieh ; ils restèrent cinq jours absents et c'est durant ce temps que se produisit au Caire une insurrection furieuse dont rien ne pouvait faire prévoir l'explosion.

Dès le 20, des bandes de fanatiques se formaient du côté de la grande Mosquée et parcoururent les quartiers de la ville, menaçant les Européens, et pillant les maisons ; une grosse troupe vient de la sorte assaillir la demeure du citoyen Monge, qui se défendit avec un courage extraordinaire et repoussa à coups de fusil tous ceux qui tentèrent de forcer sa porte ; le général Dupuy, commandant de la place sortit aussitôt que l'alarme fut donnée et se porta avec une patrouille d'infanterie, du côté où on lui disait que s'élevaient des barricades. Comme il s'y rendait, une bande de furieux

s'avança vers lui en poussant des cris horribles, et l'un de ces fanatiques lui donna un grand coup de lance sous l'aisselle, le général
tomba de cheval et ne vécut pas plus de huit minutes.

Des compagnies d'infanterie furent promptement réunies avec
ordre de balayer les rues et de détruire les barricades, en employant
du canon si cela était nécessaire. Le bruit de la fusillade et les
flammes qui s'élevaient du côté du Caire, donnèrent l'alarme à
Boulacq, et nous reçumes aussitôt l'ordre de seller nos chevaux, ce
qui fut avantageux pour la rapidité de notre départ, car peu après
un officier de l'Etat-Major vint au galop prévenir que la cavalerie
devait se rendre de suite au Caire, et faire main basse sur tout ce
qui résisterait.

Nous partons bride abattue et le spectacle que nous présenta
cette malheureuse cité me fait encore frémir. Beaucoup de maisons
étaient la proie d'incendies, que des mains criminelles avaient
allumés. A travers les rues étroites et mal pavées, coulaient des
ruisseaux de sang ; mais le fracas le plus horrible partait du côté
de la grande Mosquée où de nombreux insurgés s'étaient réfugiés
et se défendaient avec la fureur du désespoir.

Nos chevaux, au milieu de tout ce tumulte semblaient aspirer
avec joie l'odeur du sang et de la poudre. Nous parcourumes des
ruelles sombres, massacrant impitoyablement tout ce qui se présentait, les armes à la main, quelques-uns de nos dragons pénétrèrent
même à cheval dans les allées des maisons et achevèrent à coups
de sabre quelques bandits qui s'y étaient réfugiés pour mourir.

L'infortuné Sulkowski, aide de camp du général en chef, conduisait une de nos patrouilles quand son cheval glissa si malheureusement sur le pavé humide qu'il roula par terre avec lui. Il
touchait à peine le sol, qu'il fut assailli et percé de mille coups
sans que les dragons pussent faire autre chose que venger sur ses
assassins la mort de ce noble jeune homme.

Peu après, le chef de bataillon Pépin, de la 19ᵉ demi-brigade,
qui arrivait de Belbeis, tombait sous les coups de ces forcenés,
lorsque les citoyens Claude Fillon et Joseph Ray, de la compagnie
des guides à pied volèrent à son secours l'arrachèrent des mains

des insurgés et le portèrent dans la maison d'un Turc, ami des Français.

Pendant deux jours les fanatiques essayèrent de briser la porte et de piller cette maison, mais les deux guides repoussèrent avec une bravoure invincible toutes les attaques et sauvèrent le citoyen Pépin d'une mort affreuse. Leur belle conduite fut mise à l'ordre du jour.

Toute la nuit se passa dans le même désordre; la maison du général Caffarelly, fut enfoncée et pillée et tous les papiers de ce savant officier devinrent la proie des flammes.

Le ralliement fut alors sonné pour la cavalerie et nous reçumes l'ordre de nous rendre du côté de la Coubé, en dehors de la ville avec une pièce de canon pour disperser des attroupements, qui étaient accourus des environs. Ces Arabes s'enfuirent à notre approche et nous passâmes la nuit sur les hauteurs, la bride au bras contemplant cette ville immense d'où partaient par intervalle des éclats de fusillade et des cris furieux.

Au matin, le grondement sourd du canon vint nous faire connaître que l'on attaquait les bandits dans leur dernier repaire. Le général Dommartin, reçut l'ordre de faire avancer quelques pièces et d'abattre à coups de boulets les colonnes de la Mosquée. Bientôt les murs s'écroulèrent ensevelissant sous leurs décombres les misérables qui avaient allumé une si sanglante révolte.

Il n'y eut de quartier pour aucun de ceux qui s'étaient retranchés dans la grande Mosquée ; mais dès que le calme fut un peu rétabli, le général en chef fit afficher partout une proclamation en arabe et en français, annonçant que les fanatiques auteurs de l'insurrection avaient payé de leur vie leurs forfaits et que plus de 1,200 avaient été tués, qu'il pardonnait maintenant à ceux qui s'étaient laissés tromper et que tout rentrerait dans l'ordre grâce à la clémence des français si justement irrités de l'ingratitude des habitants.

La proclamation ajoute qu'une dizaine d'employés et de soldats ont été tués mais je crois qu'il y en a eu un plus grand nombre, car la révolte à éclaté si soudainement que beaucoup de gens ont été pris sans défense.

Enfin le général en chef pour honorer les malheureuses victimes de l'insurrection, a décidé que les forts qui ont été construits près du Caire porteront les noms de fort Dupuy et fort Sulkowsky.

Le capitaine de frégate, Dumanoir Le Pelley, qui commande les débris de nos forces maritimes rendit compte presque en même temps de l'apparition d'une nouvelle escadre anglaise devant Alexandrie et il assura que ces bâtiments communiquaient avec les Arabes de la côte au moyen de signaux. N'y aurait il point là autre chose qu'une simple coïncidence de temps et ne seraient-ce point des émissaires anglais qui auraient fomenté cette révolte et soudoyé ces fanatiques ?

Le courage inaltérable des Français, à la suite du désastre naval d'Aboukir, à rempli de rage le cœur de nos ennemis séculaires ; ils frémissent de colère en nous voyant maîtres de ces riches contrées et je ne doute pas qu'ils ne reculent devant aucun moyen pour nous en arracher la possession.

Au reste leurs tentatives seront infructueuses. En vain ils se sont approchés des côtes pour débarquer, la prudence du général Menou et la valeur de la légion nautique a déjoué leurs projets.

Le 23, ils ont tenté de jeter quelques détachements à terre, près du château d'Aboukir, mais le capitaine de frégate Martinet, qui commande la légion nautique, les fit accueillir par un feu violent de canonnade, puis s'avança au pas de charge avec deux compagnies qu'il avait embusquées derrière de petites collines qui sont à la tête de la digue et les força de se jeter à la mer.

Le général Murat fut envoyé du côté d'Aboukir, avec la djerme la *Styrie*, menant du renfort de la 19e demi-brigade, trois bataillons de la 75e, une pièce de huit et un obusier pour s'opposer à toute tentative des Anglais.

Il paraît qu'outre les bâtiments Anglais on en aperçut de Russes et d'Albanais qui croisaient aussi en vue de la côte, mais sans rien tenter de sérieux.

D'autre part, le général Kléber qui est maintenant tout à fait guéri de sa blessure vient remplacer le général Dupuy, comme commandant du Caire ; cet homme, ferme et intègre, semble tout à fait propre à apaiser les dernières révoltes et rendre le calme à cette grande cité.

Les travaux de l'Okel des Riz ont été poussés avec une grande activité par le génie, et maintenant les bâtiments contiennent outre les 14e, 15e et 18e dragons, les dépôts du 7e hussards et du 22e chasseurs dont les escadrons sont à Salehié et à Belbeis.

Le 20e dragons est parti avec le général Veaux qui se dirige sur Menouf pour aider le général Lanusse dans ses réquisitions. Ils doivent coucher à Kélioubé, passer le Nil à Farounie pour favoriser la levée des chevaux par l'appui de colonnes volantes et parcourir le pays pendant 8 à 10 jours.

BOULACQ, 12 Novembre.

Depuis quelque temps beaucoup d'hommes sont venus se proposer pour être engagés dans les régiments de cavalerie de Boulacq ; malgré que nous soyons loin d'être remontés, les colonels ont généralement accepté tous ceux qui semblaient propres à l'arme, mais on vient de découvrir que beaucoup de ces volontaires appartenaient déjà à l'armée et qu'ils avaient quitté leurs corps pour servir dans une arme plus à leur convenance.

Des plaintes ont été adressées de divers côtés au général en chef qui a prescrit les mesures nécessaires pour renvoyer à leurs régiments ceux qui les avaient abandonnés et diriger sur différents corps de l'armée ceux qui n'étaient pas militaires.

Cette décision a causé un grand désappointement parmi les engagés qui désiraient servir dans la cavalerie ; cependant elle est fort juste, car tant que nous n'aurons pas plus de chevaux, il vaut mieux employer de vieux cavaliers que de former des recrues qui rendent peu de services et sont plutôt un embarras.

Nous ne tarderons pas à jouer sans doute un rôle considérable dans les opérations qui vont recommencer dès que l'inondation du Nil aura cessé d'être un obstacle à nos marches.

Le général Desaix désire ardemment en finir avec Mourad et pour cela il réclame beaucoup de cavalerie, comme plus propre à chasser les Mamelucks sans leur laisser de repos.

Il demande douze cents cavaliers et huit ou dix pièces de canon, avec lesquels il se fait fort de pousser à toutes jambes les Mamelucks et les chasser promptement dans le désert. Son infanterie est, paraît-il, très fatiguée car pendant tout le temps de l'inondation du Nil, elle n'a cessé de marcher et de combattre. Mais elle est pleine d'ardeur, endurcie aux fatigues, et si nous allons la rejoindre à Benisouef pour combattre Mourad, nous aurons de rudes compagnons dans les fantassins de la division Desaix.

◆—·¦·※·¦·—◆

CHAPITRE VII.

Arrivée du 22ᵉ Chasseurs à Boulacq. - Expédition des généraux Lanusse et Veaux dans le Delta. — Arrivée de chevaux de réquisition. — Vols faits dans le convoi du général Lanusse. — Retour du 14ᵉ Dragons à l'Okel-des-Riz. — Expédition de Daroust à la pointe du Delta. — Revue de la Cavalerie par le général en chef.

LE CAIRE, 20 Novembre.

Il y a eu, ces jours-ci, différents mouvements de cavalerie. Le 3ᵉ dragons est parti du Caire pour aller relever à Belbeis le 22ᵉ de chasseurs. Ce poste est très mauvais : la nourriture des hommes et des chevaux n'est assurée que par des convois qui partent d'ici, et l'on n'a presque pas de ressources sur place.

Les officiers du 22ᵉ chasseurs, qui viennent de rentrer à Boulacq, se croient en paradis ; le général en chef leur a fait donner le meilleur casernement à l'Okel des Riz, leurs distributions sont régulières et comportent la ration entière, soit sept livres de foin et deux tiers de boisseau de fèves, aussi comptent-ils que leurs chevaux seront promptement en état, mais ils sont arrivés ici fort amaigris. Ils avaient bivouaqué sans interruption, pendant trois mois, et chaque jour ils étaient obligés d'envoyer de fortes patrouilles, à quatre ou cinq lieues, pour nettoyer les environs de leur poste, autrement. les Arabes venaient jusqu'à leurs tentes pour voler des armes, des chevaux ou les bêtes de somme.

De plus, il n'y avait, pour ce détachement, que deux fours à Belbeis, et comme ils avaient été construits, fort rapidement, par des ouvriers inhabiles, ils se sont promptement écroulés, et depuis lors, on n'y a plus consommé que du biscuit.

L'adjudant général Leturcq, qui commande la province du Bahireh, vient d'envoyer à Boulacq un détachement de 50 chevaux qui sont fort bons, mais trop faibles pour les dragons, de sorte qu'ils ont tous été donnés aux chasseurs, qui comptent maintenant deux cents chevaux environ.

Le 3ᵉ dragons partant pour Belbeis, le régiment a dû fournir un détachement pour la garnison du Caire ; j'y ai été envoyé de nouveau et, comme le service est assez doux, j'en profite pour visiter, en tous ses détails, cette ville étrange, dont la population offre un mélange de toutes les races, depuis le noir lybien jusqu'au grec astucieux et au juif toujours rapace.

Le général en chef a donné des ordres pour qu'il ne reste à Rosette, près du général Menou, que cent hommes du 14e Dragons officiers et sous-officiers compris ; quant aux cinquante qui étaient à Alexandrie, et dont les chevaux dépérissaient, faute de soins, il les fait rentrer au Caire.

J'ai été envoyé près de lui, un matin, et je l'ai trouvé fort irrité de ce que la réquisition n'était pas terminée dans la province de Rosette, où le général Menou dispose de forces considérables dont la présence rend facile la tâche de monter ses dragons et de faire payer les impositions. A Kelioubé, au contraire, où le général Murat n'avait que peu de monde, il a obtenu très promptement le nombre de chevaux nécessaires pour deux escadrons complets du 20e dragons.

Les deux escadrons sont remontés avec de fort beaux chevaux, aussi ont-ils été employés de suite, sous les ordres de Lanusse et de Veaux. Ces deux généraux commandent une colonne, composée d'un bataillon d'infanterie, deux cents cavaliers du 20e dragons et quelques pièces d'artillerie, avec laquelle ils parcourent le Delta, pour en chasser les Arabes qui l'infestaient.

Cette poursuite a été d'autant plus fructueuse, que le général Fugières a fait partir deux cents hommes de Mehallet el Kebir et a pris entre deux feux les hordes de bandits.

Dans cette expédition, le frère du général Davoust, qui servait comme volontaire depuis l'âge de seize ans, a été nommé sous-lieutenant au 20e dragons, et il a rendu les plus grands services ; c'est un officier brave, actif, que l'exemple de son frère a enflammé de la plus noble émulation.

Celui-ci commande notre brigade et a reçu en outre du général Dumas l'invitation de s'occuper de la cavalerie. La triste santé de notre général de division ne lui permet guère de quitter son lit. A force d'énergie, il est parvenu à monter à cheval pour quelques expéditions aux environs de Boulacq, mais il paie cher ses imprudents efforts. Je doute qu'il puisse rester longtemps parmi nous ; du reste, je crois qu'il a demandé au général en chef de rentrer en France, et il n'est point le seul. Plusieurs de nos officiers ont été tellement affaiblis par le climat et les fatigues de cette campagne, qu'ils ne sont plus que l'ombre d'eux mêmes. Mais beaucoup d'autres, qui se portent à merveille, demandent à rentrer en France. La conduite de ces militaires est indigne. Je ne comprends pas que l'on ose déserter son poste dans de pareilles conditions, et plus les périls sont grands, plus les fatigues sont dures, plus les officiers, vraiment dignes du nom français, doivent se resserrer autour de leur général et mettre de zèle à le seconder dans l'œuvre admirable qu'il a entreprise de conquérir et de civiliser l'Egypte.

Malgré les ordres que le général en chef avait donnés, beaucoup d'officiers ont fait la sourde oreille et n'ont point renvoyé les dragons dont ils se servent comme ordonnances, trouvant plus commode d'employer des militaires que leurs domestiques au pansement de leurs chevaux. Les généraux Menou, Marmont et le chef d'état-major lui-même ont reçu l'ordre de renvoyer de suite les dragons du 14e qu'ils avaient retenus. Je pense que cette fermeté du général Bonaparte finira par triompher de l'habitude prise par beaucoup d'officiers d'employer à leur service des militaires détachés au lieu des domestiques qu'ils ont engagés au départ de l'expédition et dont beaucoup sont d'ailleurs détestables.

En ce moment tous les hommes sont nécessaires car il ne se passe pas de jour où il n'arrive des détachements ramenant les chevaux de réquisition; le général Donzelot a envoyé 83 chevaux du Fayoum. Ils ont tous assez de taille et sont propres à monter les dragons. Il est arrivé de la même province 60 juments pour l'artillerie qui en a le plus grand besoin, car presque tous les chevaux amenés d'Europe et qui attelaient les pièces sont morts de fatigue et de privations.

Le général Lanusse a aussi envoyé un détachement de chevaux pris dans le Delta; mais il est arrivé une assez plaisante aventure. Comme il n'avait pas joint le signalement des bêtes, elles ont été toutes changées dans le trajet, de sorte qu'en arrivant à Boulacq le détachement se composait de trois juments dont une portait la marque de l'artillerie et de huit ou dix chevaux usés, provenant de nos réformes et portant encore des fers français. Le général en chef s'est fâché et a demandé des explications. Que pouvait-on lui répondre, sinon que les chevaux avaient été substitués en route. Il paraît que ce vol est assez ordinaire dans le pays si l'on ne prend pas soin d'envoyer avec le cheval son signalement exact.

Oкel-des-Riz, 25 Novembre.

L'expédition du Delta étant terminée, l'adjudant-général Veaux a ramené de Menouf au Caire les chevaux de réquisition et l'artillerie escortés du 20ᵉ dragons. Ce régiment a pris le service de la ville et nous sommes retournés à Boulacq dans nos anciennes casernes. Le dressage des chevaux qui ont été reçus est poussé avec beaucoup d'activité, car l'on pense que le général en chef va envoyer beaucoup de cavalerie à la division de la Haute Égypte et tout le monde espère en faire partie.

Depuis que les remontes suffisent à nos besoins, le général Bonaparte a pris une mesure qui nous est très favorable. Il a ordonné qu'il serait livré des dépôts : un cheval à chaque officier de cavalerie en même temps qu'aux soldats qui composent sa compagnie.

Les officiers qui s'étaient procuré des carabines et des tromblons suivant l'ordre, ont reçu ces chevaux en gratification et pour leur tenir lieu de la dépense qu'ils ont faite.

La retenue est de 120 livres pour les officiers qui ne s'étaient pas procuré de carabines, et la somme, à raison de 20 livres par mois, doit être versée dans la caisse du corps pour être affectée aux dépenses extraordinaires.

Le bruit court que le général en chef passera prochainement la revue de la division Bon qui est toujours au Caire et de toute la cavalerie et dès aujourd'hui l'on se met en mesure.

Dans ces derniers jours il est rentré au régiment 40 hommes montés venant de Rosette, de sorte qu'il n'y reste plus que 60 dragons du 14ᵉ. Le général Fugières qui devait remonter la plus grande partie du régiment et qui a près de lui le lieutenant Firbach comme officier de cavalerie, nous envoie dix par dix nos hommes avec leurs chevaux. Il y a de la sorte, à la caserne de l'Okel des Riz environ mille chevaux des différents régiments ; les écuries étaient trop petites pour loger un nombre aussi considérable et l'on a été obligé d'en mettre une partie dehors, attachés au piquet, ce qui ne présente aucun danger à cause de la douceur du climat et du tempérament robuste de nos chevaux.

Le 23, nous recevions l'ordre de partir vers cinq heures avec le général Davoust pour une expédition à la pointe du Delta ; il prit avec lui 300 chevaux et nous avons marché toute la nuit pour enlever par susprise les chameaux d'une horde d'Arabes qui campait là.

Lorsqu'ils ont cherché à s'enfuir, ils étaient déjà cernés par les dragons. Malgré leurs prières et leurs malédictions, nous leur avons enlevé au moins quinze cents chameaux, un grand nombre de moutons et une trentaine de buffles. Cette tribu avait déjà plusieurs fois refusé de payer le miri et fuyait toujours à l'approche des détachements d'infanterie, qui venaient pour la contraindre, mais nos dragons ont les jambes longues et quelques coups de plat de sabre ont mis les mutins à la raison. Ils n'ont guère cherché à résister, quand ils ont vu que la retraite était coupée de tous les côtés, ils ont livré leurs chameaux et tout le bétail ; seules les femmes criaient et s'arrachaient les cheveux, nous maudissant avec une incroyable volubilité. Toutes leurs menaces ne nous ont point empêchés de former le convoi dans le plus grand ordre, et le 25 nous sommes rentrés à Boulacq avec un riche butin.

La compagnie turque d'Omar, qui s'était embarqué sur des djermes, a coupé à ces Arabes la retraite du côté du fleuve. Ces turcs sont très bons soldats, bien armés, bien équipés et durs à la fatigue. Omar, leur capitaine, est fort intelligent et mène à merveille la compagnie qu'il a levée. Ce sont là de précieux auxiliaires qui sont parfaitement acclimatés, connaissent bien le pays et détestent les Arabes dont ils avaient souvent à souffrir.

Au reste, toutes les créations de corps indigènes, que le général Bonaparte à décidées, ont beaucoup allégé le service des troupes françaises. Ainsi les trois compagnies grecques, qui ont été formées pour l'escorte des diligences, en ont assuré la sécurité. Les janissaires ont joué du bâton ferré avec grand enthousiasme, pour faire rentrer les impôts des récalcitrants et le général Caffarelly dresse et instruit en ce moment une compagnie de sapeurs égyptiens qui suppléera d'ici peu à l'insuffisance des soldats du génie trop peu nombreux pour le service de l'expédition.

Le médecin en chef Desgenettes, a formé un détachement de 40 hommes la plupart aveugles qui vont être renvoyés en France, et il ne nous est parvenu jusqu'ici aucun renfort ; les Anglais sont toujours maîtres de la mer, et empêchent les convois d'arriver de France.

BOULACQ, 30 Novembre.

Le 27, le général en chef, a passé la revue de toute la cavalerie, qui s'était rendue au Caire pour onze heures. Les guides à pied et à cheval étaient aussi présents avec leur artillerie. La réunion était sur la place vis-à-vis la maison d'Ibrahim-bey.

Pour se rendre un compte exact de la force actuelle de sa cavalerie, le général Bonaparte avait voulu que tous les hommes habillés ou non fussent présents à cette revue, les ouvriers et autres formant les dépôts étaient aussi sous les armes.

Le général inspecta minutieusement les chevaux, les armes et l'habillement et il a semblé fort satisfait. Il fit quelques compliments sur la tenue principalement au chef de brigade Bron, du 3e dragons, dont le détachement était très beau, le général a ordonné ensuite quelques mouvements.

Je dois reconnaître qu'ils n'ont point été exécutés avec la précision ordinaire ; ces chevaux arabes dont beaucoup étaient à peine dressés, étant plus vifs que nos chevaux français, ne se soumettent point encore aux mouvements exacts de la manœuvre, cependant cela a été assez satisfaisant et nos cavaliers n'ont pas trop perdu de leurs qualités pendant les longs mois où ils ont été démontés.

La revue s'est terminée par une charge qui a été admirable ; dès que les cavaliers eurent rendu la bride à leurs chevaux, ceux-ci se sont élancés à toute vitesse, semblant dévorer l'espace, tandis que les sabres étincelaient au soleil.

Le spectacle que présentait cette revue donne pleinement raison au général Desaix.

Devant cette cavalerie aussi brave qu'infatigable, les derniers beys dont la présence souille encore le sol de l'Egypte, ne tarderont pas à disparaître au plus profond du désert.

CHAPITRE VIII.

Départ de la cavalerie pour la Haute-Egypte, sa composition — Concentration du reste à Boulacq. — Mourad abandonne son camp du Bahr Joseph. — Prise de sa flottille. — Retards de la notre. — La cavalerie va à son secours. — Combat de Sohaig. — Engagement près de Tantha. — Cantonnement de la Division à Girgeh. — Bataille de Samanhout.

———

OKEL DES RIZ, 6 décembre.

Les corps qui doivent fournir des escadrons à la division Desaix, furent désignés à la fin de novembre à la suite de la revue passée par le général en chef. Le 14e dragons détacha cent hommes montés formant un escadron avec le chef d'escadron Villemet. Les régiments de cavalerie légère, 7e hussards et 22e chasseurs sont partis presque en entier ; après eux c'est le 15e dragons qui fournit le plus de cavaliers. Il y a aussi des escadrons du 18e et du 20e, seul le 3e dragons n'envoie aucun homme dans la Haute-Egypte. Comme il occupe les points de Belbeis, de Salehieh, de Kathié, et qu'il a des postes jusque vers Suez, le général en chef n'a pas voulu diminuer la force des détachements qui jalonnent la route de Syrie, par où Ibrahim s'est enfui et d'où Djezzar-Pacha menace sans cesse de déboucher.

J'aurais été bien attristé de ne point faire partie de l'escadron qui va dans la Haute-Egypte, avec le commandant Villemet, si je ne savais que le général en chef, prépare une expédition en Syrie, pour en finir avec les entreprise des pachas d'Acre et de Damas et qu'il mènera avec lui presque tout ce qui restera de cavalerie.

Le CAIRE, 15 décembre 1799.

Le général Bonaparte, a constitué d'une manière définitive le corps de cavalerie qu'il attache à la division Desaix. C'est le général Davoust qui en a le commandement ; le général Dumas, à qui il avait été offert ayant dû refuser à cause de sa mauvaise santé.

L'adjudant général Rabasse et dix officiers supérieurs des différents corps marchent sous ses ordres, les citoyens Pinon chef de brigade du 15ᵉ dragons, Duplessis, du 7ᵉ chasseurs et Lassalle, du 22ᵉ chasseurs, commandent leurs régiments. L'arsenal de Gizeh, a fourni les fusils, les baïonnettes, les pistolets et les sabres qui manquaient encore à l'armement de la cavalerie, et trois pièces d'artillerie légère qui lui sont affectées, lui permettront d'agir isolément à l'occasion.

Avant leur départ qui fut fixé au 4 décembre, le général en chef, a fait paraître un ordre de jour relatif à la part que nos escadrons sont appelés à prendre à cette campagne.

Après avoir félicité la cavalerie de sa belle tenue et de ses qualités manœuvrières, le général Bonaparte termine en disant : « C'est à la cavalerie qu'est réservée la gloire de détruire sans retour les Mamelucks. Ce que le général en chef a vu faire aux régiments qui composent la cavalerie de l'armée, dans les campagnes d'Europe, lui est un sûr garant d'un prompt succès. »

Les guidons déteints et déchirés, qui flottaient au dessus de nos escadrons, ont été remplacés avant le départ par des neufs portant les noms des victoires de la campagne d'Egypte. Le citoyen Villemet, sera le premier à mener le sien au feu et à y ajouter quelque nouvelle et glorieuse inscription.

Depuis la fin de novembre, la concentration de la cavalerie sur Boulacq et le Caire, s'est continuée d'après les ordres du général en chef ; Marmont, a reçu avis de ne garder à Rosette, qu'un maréchal des logis et 10 hommes du 14ᵉ dragons, pour l'escorte et les plantons, et de renvoyer toutes les selles et équipages du régiment au dépôt de Boulacq.

Le général Lanusse, ne doit conserver que ce même nombre d'hommes du 20ᵉ dragons à Menouf, et le reste se rend au Caire ; le général Fugières, a reçu des ordres analogues, à Méhallet-el-Kébir.

Les détachements des corps de cavalerie, au fur et à mesure qu'ils sont organisés, se dirigent sur Beni-Souef, où le général Davoust, doit rassembler un millier de chevaux destinés à la conquête de la Haute-Egypte.

Le CAIRE, 25 Janvier 1800.

Le 16 décembre, la cavalerie était au complet et elle quitta au point du jour Beni-Souef, pour marcher contre Mourad, qui était campé sur la rive gauche sur Bahr Joseph. Lorsque ses émissaires lui apprirent l'approche d'une troupe aussi considérable, le bey décampa au plus vite et ne voulut point essayer d'engager le combat. La cavalerie le pressa sans lui donner un instant de repos et se dirigea à marche forcées sur Girgeh.

Le camp que Mourad avait établi au Bahr Joseph, en face de Feshue, était appuyé par des djermes, armées en guerre et qui portaient ses vivres et ses munitions.

La rapidité de la poursuite fut si grande que cette flottille ne put le suivre et tomba dans nos mains, à Meniet et à Syout.

La cavalerie de Davoust, avait pris dans cette première opération plus d'une journée d'avance sur l'infanterie, bien que celle-ci fut rompue à la marche et endurcie à toutes les fatigues ; mais la rosée qui est très abondante sur les bords du Nil, détériore la chaussure au point que beaucoup de fantassins n'eurent plus de souliers au bout de quelques jours. De plus la flottille qui portait les vivres et les munitions de la division Desaix ne paraissait pas malgré qu'elle fut partie en même temps que la colonne de Beni-Souef. L'ordre fut alors donné de s'arrêter à Girgeh, pour l'attendre et de consommer sur place les vivres que la petite armée portait avec elle.

La division toute entière se trouva réunie à Girgeh le 26 décembre. Outre la cavalerie, elle se composait de la 21e légère, avec le général de brigade Belliard, et des 61e et 88e de bataille, sous le général Friant. Le chef de brigade La Tournerie commandait l'artillerie.

Au bout de quelques jours, le général Desaix, inquiet de n'avoir aucune nouvelle de sa flottille, et craignant, avec juste raison, qu'elle n'eut été attaquée en route par les populations hostiles des bords du Nil, prescrivit au général Davoust de remonter le cours du fleuve avec sa cavalerie, et de dégager, s'il était nécessaire, les djermes en danger.

Le corps de Davoust partit le 3 janvier de Girgeh, et reconnut bien vite, à l'attitude des paysans, combien les prévisions du général Desaix étaient fondées. Le 12, comme l'on n'avait encore aucun renseignement sur la position de la flottille, Davoust se décida à s'arrêter à Sohaig, et à envoyer de fortes patrouilles en reconnaissance, ne doutant pas que les djermes du convoi ne fussent tout proche. A ce moment, des paysans qui s'étaient attroupés en arrière de la colonne, aperçurent un gros de cavaliers, fort d'environ 600 à 800 chevaux, qui descendait des hauteurs. Ils attendaient sans doute leur arrivée pour entamer les hostilités, car les pierres et les coups de fusils commencèrent à pleuvoir sur la queue de la colonne qui était composée des 14e et 20e Dragons.

Ceux-ci, dédaignant de répondre à cette misérable foule, firent demi-tour avec le plus grand ordre et marchèrent à la rencontre des Mamelucks, deux fois plus nombreux.

Dans cette affaire, suivant le rapport du général Davoust, l'on put voir les services que rend l'arme des dragons. A l'approche de l'ennemi, ils exécutèrent des feux de pelotons si nourris et si bien ajustés que jamais ils ne purent être attaqués.

Toute la cavalerie admira les feux du 15e dragons, qui furent commandés et exécutés comme à l'exercice. En un moment, les mamelucks furent en fuite et disparurent dans le désert aussi vite qu'ils étaient venus.

Débarrassés de la cavalerie, nos dragons se tournèrent contre les paysans qui les avaient d'abord attaqués. Ce fut un massacre épouvantable de ces malheureux qui avaient sans doute été entraînés à une agression si peu justifiée par les promesses de Mourad.

Tout ce qui ne put prendre la fuite à temps, fut haché sur place et il resta plus de 1,500 cadavres sur le terrain.

Les chasseurs et les hussards, qui faisaient l'avant garde, tournèrent bride pour accourir au secours des dragons, dès qu'ils entendirent les premiers coups de feu. Ils eussent désiré que cela durât plus longtemps pour être de la partie, mais quand ils arrivèrent tout était terminé. L'adjudant général Rabasse, dans la courte mêlée qui avait eu lieu, tua un cheik de sa main.

La relation faite par le général Davoust, sur ce premier engagement de cavalerie, a produit au Caire le meilleur effet.

Elle se termine par l'éloge des officiers supérieurs qui ont pris part à l'affaire de Sohaig.

« Je me rappelle, mon général, que vous m'avez dit que je serais « très content, dans l'occasion, du chef du 20ᵉ Dragons. Effective- « ment, je n'ai lieu que d'en être très satisfait, ainsi que de son « chef d'escadron Roës. Villemet, du 14ᵉ, s'est parfaitement « comporté aussi ; il a eu le malheur de perdre un cheval auquel « il était très attaché. »

La cavalerie se porta ensuite, par une marche de dix heures, d'un bon pas, à Syout, où elle passa la nuit. Mais la fatigue avait déjà diminué ses effectifs et il fallait 80 chevaux, pour remplacer ceux qui étaient morts ou trop éclopés, pour continuer à rendre des services.

De retour a Girgeh, la cavalerie dut repartir aussitôt pour aider la flottille, dont les espions avaient enfin donné des nouvelles. Elle avait été attaquée, en effet, et plusieurs djermes qui s'étaient échouées sur les rives du fleuve, avaient été pillées par les habitants.

Davoust rencontra, près de Tantha, une forte avant-garde de 5 à 600 chevaux, à laquelle la leçon infligée aux mamelucks, dans le combat de Sohaig, n'avait pas sans doute servi.

Bientôt des renforts accoururent et portèrent à deux mille environ le nombre des cavaliers, auxquels vinrent se joindre une foule immense de paysans que l'on put évaluer à douze mille.

Une telle multitude d'ennemis n'était point faite pour arrêter un instant notre cavalerie qui chargea résolument les mamelucks et les mit en fuite en leur infligeant une perte de plus de deux cents chevaux.

Se tournant ensuite contre cette misérable infanterie, suivant la tactique qu'elle avait adoptée à Sohaig, elle sabra tout ce qui fit mine de résister et en laissa près de trois mille sur le terrain.

Le chef de brigade Pinon et le citoyen Boussard, chef d'esca- dron, se distinguèrent d'une manière toute spéciale dans ce combat qui ne coûta qu'un tué et 20 blessés à la cavalerie.

L'affaire de Tantha dégagea la flottille, qui avait beaucoup souffert des attaques des insurgés, depuis Beni-Souef jusqu'à

Syout. Elle demeure depuis lors en vue de la cavalerie qui l'escorta vers Girgeh, où elle arriva le 14 janvier.

Les munitions et les vivres qu'elle apportait furent un précieux secours pour la division, dont les ressources étaient bien réduites. En même temps, des coureurs vinrent avertir le général Desaix que Hassan-bey-Osman, dont la bravoure était légendaire dans le pays, venait de se réconcilier avec Mourad, et lui amenait des renforts se montant à 400 mamelucks et 2.000 Arabes d'Yambo.

Loin d'abattre son courage, cette nouvelle ne fit qu'exalter l'ardeur de la division Desaix et de la cavalerie de Davoust. Le 21 janvier, la petite armée quitta ses cantonnements de Girgeh, où elle s'était refaite, et marcha à la rencontre de Mourad qui avait levé son camp de How.

Le lendemain, elle le trouva devant elle, vers le village de Samanhout. L'avant-garde, composée de deux pelotons du 7e hussards, sous le capitaine Verlier, fut brusquement assaillie par les soldats de la Mecque et quelques mamelucks. Revenue de sa première surprise, cette petite troupe reprit l'offensive et sabra l'ennemi, elle eut un homme tué et quelques blessés dans cet engagement.

Pendant ce temps, les brigades Belliard et Friant qui s'étaient rapprochées avec le reste de la cavalerie se formèrent en carré, pendant que deux compagnies de carabiniers, soutenues par le lieutenant Duvernois, du 7e hussards, attaquaient le village de Samanhout. La défense fut des plus vives, l'adjoint Rapp y fut blessé et le lieutenant Duvernois eut le poignet scié avec un poignard, mais sans en être estropié.

Le citoyen Clément, aide de camp du général Desaix, qui conduisait l'attaque, fit fort bien et se rendit promptement maître du village.

A ce moment, les mamelucks qui s'étaient rassemblés passèrent comme un ouragan devant le carré de gauche qui était formé de la 21e légère, aux ordres de Belliard, et vinrent fondre sur celui de Friant, 61e et 88e de bataille, mais l'artillerie de La Tournerie, qui était à l'angle de chaque face, les cribla de mitraille, et Mourad sembla s'arrêter un instant. Aussitôt les dragons de Davoust, qui formaient un carré à cheval entre les deux carrés d'infanterie, s'élancèrent, le fusil au poing, mais déjà mamelucks renonçaient au combat et fuyaient bride abattue comme à leur ordinaire.

Le chef de brigade Lassalle, du 22e chasseurs, vola sur leurs traces avec une poignée de ses cavaliers les mieux montés, il put à peine en joindre quelques-uns. Au reste, un sentiment d'humanité maintint sur le champ du carnage la plus grande partie de la cavalerie qui dut protéger les blessés contre les mutilations que les sauvages habitants du pays commençaient à leur faire souffrir. A ce retour offensif, les misérables qui avaient compté sur la poursuite commencée pour achever leur horrible besogne, s'enfuient à toutes jambes, pour éviter le châtiment dû à leurs forfaits, pas assez vite cependant pour qu'il n'en resta plus d'un millier sur le champ de bataille.

Les résultats de cette victoire furent immenses. Les magasins d'Esneh et d'Assouan tombèrent entre les mains de Desaix et après une poursuite de trois jours, la cavalerie poussa Mourad dans le désert de Nubie, au-delà des premières cataractes.

Les champs de Samanhout étaient jonchés d'armes précieuses, ornées de pierreries, et sur les mamelucks tués, les soldats trouvèrent des bourses remplies d'or, qui les dédommagèrent de toutes fatigues. Après quelques moments de rafraîchissement à Farehout, la cavalerie s'était dirigée vers How, qu'elle atteignit au matin, ayant marché toute la nuit. Elle ne prit de repos que lorsqu'elle fut assurée de la disparition de Mourad. Puis elle revint à Esneh où elle se dispersa dans les cantonnements qui lui furent assignés et où elle se trouve aujourd'hui chargée d'assurer la perception du miri.

Ce fut dans cette marche que nos soldats aperçurent les premiers monuments de la Haute-Egypte, vestiges de cette civilisation antique qui date de plus de quatre mille ans. Les proportions gigantesques du temple de Denderah frappèrent d'admiration les âmes les plus grossières, et cette vue seule suffit à récompenser de leurs fatigues et des dangers qu'ils ont courus les braves qui bivouaquèrent au milieu de ces ruines célèbres.

CHAPITRE IX.

*Complément de remonte pour la cavalerie. — Modifications apportées
à son règlement et à la tenue. — Organisation du régiment des
dromadaires. — Chameaux destinés aux ambulances. — Assassinat
de l'aide-camp Guermet. — Voyage du Général en chef à Suez. —
Belle conduite du guide Louis. — Apparition de la peste à Alexandrie. — Punition d'un chirurgien.*

BOULACQ, le 30 Janvier.

Ces dernières semaines ont été bien monotones, et je n'ai pu
résister au plaisir, d'ajouter au récit que j'ai entrepris de cette
campagne, la relation qui m'a été envoyée par mon camarade le
lieutenant Dard, des glorieux combats auxquels ont pris part un
escadron du 14e Dragons. Il paraît que les justiciables des conseils
de guerre sont rares à la division Desaix puisque Dard, qui en est
un membre, a le temps de rédiger de véritables journaux. Ce n'est
donc pas à tort que les Arabes appellent le général Desaix Sultan
juste puisqu'il maintient dans son corps une si exacte discipline.

Ici ce n'est pas tout à fait la même chose et le Général en chef a
dû flétrir dans un ordre du jour la conduite d'un détachement,
escorte d'un convoi, dont les cavaliers avaient aidé les Maltais à
piller les approvisionnements confiés à leur garde.

Aussitôt après le départ de nos frères d'armes pour Beni-Souef,
le général Bonaparte stimula de nouveau l'activité des commandants de provinces pour hâter l'envoi des chevaux destinés à
monter les hommes à pied du Caire et de Boulacq.

Les premiers chevaux envoyés avaient été pris avec tant de
précipitation ou si peu de soin que beaucoup, âgés de deux ou trois
ans ont été ruinés dès les premières marches et qu'il en faudra
180 en plus pour les remplacer. Là, ne se borna pas les soins du
Général en chef.

La différence des attaques de cavalerie dans ce pays et en
Europe, l'amena à faire présenter par des hommes expérimentés
des modifications au règlement. Les chefs de brigade Duvivier et

Bron avec le chef d'escadron Barthélemy furent chargés de ce travail sous la direction du général Murat, et voici ce qui a été adopté pour la place des officiers du régiment.

Le Chef de brigade qui n'a pas de place fixe, se tient habituellement à 20 pas derrière le centre du régiment, et le Chef d'escadron à 10 pas derrière le centre des deux escadrons.

Le capitaine-commandant de l'escadron a la croupe de son cheval dans le rang au centre de l'escadron et l'autre capitaine se place à la droite de la division. Le premier lieutenant est à la droite du second peloton et le second sous-lieutenant à la gauche du second peloton.. Le premier sous-lieutenant en serre file derrière la gauche du premier peloton. Il en est de même dans la seconde division. Le maréchal-des-logis chef, le fourrier-brigadier et un maréchal-des-logis sont en serre-file, le porte guidon se tient à la gauche de la première division et à droite du sous-lieutenant. Enfin on conserve six pas d'intervalle d'un escadron à l'autre.

Le pantalon large, à boutons de corne, et à peau de basane a été adopté pour toute la cavalerie et le gilet de chamois remplacé par le gilet de basin rayé moins chaud sous ce climat.

Les gilets et pantalons d'écurie, en toile du pays, adoptés dès le début, ont été d'un bon usage pour le service de la caserne, le gilet est orné d'un collet et de parements à la couleur distinctive.

La botte à l'écuyère et à la hussarde soit maintenue pour la cavalerie ; mais celles qui ont été fabriquées dans le pays et mises en service sont plus souples que celles de nos magasins et paraissent très résistantes.

Dans la prévision d'une longue route à travers le désert, le Général a prescrit de faire fabriquer des outres de peau d'une contenance de dix litres à raison de deux par cavalier Ces outres doivent s'attacher de chaque côté au-dessous du porte-manteau. Chaque peloton doit emporter en plus une outre de trente litres. La fourniture nous doit être faite d'abord à Boulacq, et si l'expérience réussit, il en sera envoyé dans la Haute-Egypte. Pour compléter ces mesures, nous habituons nos chevaux à se contenter d'une faible ration d'eau saumâtre, en ne leur donnant rien autre chose à boire ; plusieurs sont restés deux jours sans toucher à cette eau, mais la soif a eu raison de leur dégoût et ils ont tous fini par s'en abreuver.

Vers la mi-janvier les chevaux toucheront la ration de vert qui est fixée à quarante cinq livres de trèfle sauf pour les chevaux français qui continueront à manger du son, de l'orge ou des fèves.

On ne reçoit plus maintenant que des chevaux de quatre ans qui engrenés de bonne heure dans le pays sont tout à fait propres à supporter les fatigues des marches et des bivouacs. Les dernières remontes qui sont venues de la province de Garbieh où commande le général Fugières sont très bonnes et le chef de brigade Duvivier en a été si satisfait qu'il a envoyé des compliments au lieutenant Firbach commandant la cavalerie de la province.

Le général Menou, désolé de ne plus avoir de cavalerie, a fait de nouvelles tentatives pour obtenir un détachement de dragons quoiqu'il en ait dit tout le mal possible jadis, prétendant que c'étaient eux qui avaient fomenté les insurrections d'Italie. Le général en chef les lui a refusés tout net. Il tient à avoir sa cavalerie dans la main et pense qu'elle seule peut assurer le succès.

Il vient de décider l'organisation d'un corps qui tiendra à la fois de l'infanterie et de la cavalerie et que la rapidité de sa marche appelle à rendre de grands services.

Le régiment des dromadaires, doit être monté avec les animaux les plus vites et les plus résistants et compter deux escadrons.

Chaque escadron sera de quatre compagnies, comprenant un capitaine, un lieutenant, un maréchal-des-logis chef, deux maréchaux-des-logis, un fourrier brigadier, quatre brigadiers, un trompette et cinquante dromadaires.

Il sera commandé par un chef d'escadron et le régiment par un chef de brigade. Provisoirement c'est le chef d'escadron Cavalier qui est chargé d'organiser les premières compagnies.

Les hommes sont montés sur des dromadaires, et armés du fusil avec la baïonnette. Ils portent la giberne de l'infanterie et une longue lance de quinze pieds. L'uniforme consiste en un manteau arabe pour les marches. La tenue est à peu près celle des hussards : un dolman bleu de ciel avec col et parements rouges ; une ceinture blanche et noire, la culotte à la hongroise bleue avec les bottes. Le turban qui leur avait d'abord été donné comme coiffure a été remplacé bien vite par le schako à haut plumet dont nos cavaliers légers sont si fiers. En parade ils sont ornés d'un cafetan rouge bordé de fourrures. La difficulté a été de trouver un harnachement pratique pour ce nouveau genre de monture. L'ordonnateur en chef, les chefs de brigade Bessières, Détrées et Duvivier se sont concertés et ont présenté le 14 janvier un modèle qui doit être confectionné le plus tôt possible.

Le général en chef apporte le plus grand soin au recrutement de ce nouveau corps ; les hommes doivent être âgés au moins de 21 ans, et compter plus de quatre ans de service, la taille la plus basse est de cinq pieds quatre pouces, enfin les chefs de corps doivent les choisir parmi les sujets d'une bravoure connue.

Les régiments d'infanterie de l'armée fournissent les premiers effectifs. La moitié des régiments, y compris les guides à pied, enverra quinze hommes et l'autre moitié dix hommes par régiment, ce qui fait plus de deux cents hommes.

Le général en chef s'est préoccupé aussi du transport des malades et des blessés en vue de l'expédition de Syrie et l'on rassemble en ce moment un grand nombre de chameaux qui doivent porter des paniers semblables à ceux que les indigènes emploient pour faire voyager leurs femmes; cela servira d'ambulance mobile. Chaque division en a cinq et l'ambulance centrale dix.

Les environs du Caire sont maintenant assez sûrs grâce aux nombreux postes établis sur le Nil et aux patrouilles qui battent le pays. Cependant le 12 janvier le citoyen Guermet, aide de camp du général Dugua, a été assailli et massacré sur les bords du fleuve par sept ou huit brigands qui l'ont dépouillé. Le dragon qui l'accompagnait surpris de cette brusque attaque s'arrêta court et vit l'infortuné tomber de cheval ; il courut aussitôt à un poste de grenadiers établi non loin de là, mais quand ils revinrent, les bédouins avaient déjà eu le temps d'arracher à Guermet ses armes et ses vêtements et de jeter dans le Nil le corps que les grenadiers eurent grand peine à retirer. Toutes les battues et les recherches faites aux alentours sont demeurées infructueuses et les malfaiteurs échappent à une forte vengeance.

Le général Bon était parti au commencement de décembre pour aller occuper le port de Suez avec le 2e bataillon de la 32e brigade, 110 hommes de la compagnie turque d'Omar, trente hussards du 7e régiment et deux pièces de canons traînées par des chameaux. Son expédition réussit très bien et il prit possession de la ville et de ses quais, qui sont les plus fréquentés de la mer Rouge, sans brûler une amorce. Soit que les rapports envoyés aient donnés au général en chef le désir de visiter cette partie de l'Egypte, soit qu'il veuille s'assurer par lui-même des ressources du pays au-delà de Saléhié, il a donné l'ordre aux 3e et 14e dragons de préparer une escorte avec quatre officiers et d'emporter des vivres pour six jours.

J'ai été désigné pour faire partie du détachement qui se composait de cent dragons et une vingtaine de guides à cheval. A l'heure indiquée nous vîmes arriver un superbe carrosse attelé de six chevaux et destiné au général Bonaparte, mais il ne s'en servit point et marcha tout le temps à cheval avec les citoyens Monge et Caffarelly qui l'accompagnaient. Le but de cette expédition était de reconnaître les ruines d'un ancien canal qui unissait Suez à la Méditerranée et que la barbarie des habitants a laissé combler par les sables du désert.

Nous avons suivi la route habituelle, par Belbeis et Saléhié, où sont établis des postes du 3e dragons, mais à partir de Katich, nous nous sommes trouvés au milieu des sables, sans autre sécurité que la fidélité des guides. Cette marche fut des plus pénibles et le général Bonaparte seul ne parut point souffrir de la fatigue. Le matin du troisième jour après notre départ de Saléhié nous aperçumes du haut des collines une vaste étendue d'eau que les guides assurèrent être la mer rouge. Le général en chef nous ordonna alors de bivouaquer à l'endroit où nous nous trouvions et partit seul avec le citoyen Monge, le général Caffarelly, deux guides à cheval et un homme du pays qui déclarait connaître un passage à travers le fond du golfe que la mer ferme là.

Vers le soir, l'inquiétude commença à nous prendre, car le général ne rentrait pas avec son escorte, et nous craignimes qu'il ne lui fut arrivé quelque malheur.

Le citoyen Lallemand prit la précaution de faire allumer de grands feux sur les endroits les plus élevés, pour diriger les voyageurs s'ils étaient égarés dans le désert. Enfin, vers le milieu de la nuit, ils rentrèrent mouillés jusqu'aux os, harrassés de fatigue. Le guide qui les conduisait avait perdu la tête au retour et après avoir fort bien dirigé le matin, il s'égara le soir dans un marais où le général Caffarelly, infirme et avec une jambe de bois, faillit périr plusieurs fois. La petite troupe ne dut son salut qu'au courage et au sang-froid du guide à cheval Louis qui sonda le terrain en avant et porta entre ses bras le général dans les endroits les plus difficiles. En récompense de sa belle conduite, le général en chef, de retour au Caire, le nomma brigadier et lui fit don d'un sabre sur lequel est gravée la mention suivante : « Le général Bonaparte au guide à cheval Louis — Passage de la Mer Rouge ».

Le 7, nous revenions à Belbeis; le général en chef paraissait fort joyeux, il fit remettre par l'ordonnateur une somme de 120 livres au citoyen Lallemand et aux officiers des 3e et 14e Dragons qui étaient du détachement, et il donna une gratification de 20 livres aux dragons qui avaient passé les trois derniers jours dans le désert avec le quartier général.

Le sous-lieutenant Hecque, du 14e Dragons, qui avait perdu son cheval dans la reconnaissance, en a reçu un superbe des écuries du général en chef. Enfin tout le monde est rentré au Caire très joyeux de cette expédition, prélude d'une plus longue et plus importante.

A notre retour, j'ai trouvé mon détachement relevé à la maison d'Ibrahim par une compagnie du 15e dragons et je suis retourné à l'Okel des Riz où tout le régiment se trouve réuni.

Depuis quelque temps des bruits inquiétants venaient d'Alexandrie où le général Marmont avait constaté l'apparition de la peste. Cette nouvelle était malheureusement trop vraie et chaque jour le fléau fait de nombreuses victimes dans la population et dans la garnison, tous ceux qui peuvent fuir la ville l'ont abandonnée. Cependant grâce aux précautions sévères qui ont été prises, la maladie n'a pas fait de progrès ; les médecins et les employés militaires rivalisent de zèle et de dévouement.

Seul un chirurgien de la marine, le citoyen Boyer a été assez
lâche pour refuser de donner des secours à des blessés qui avaient
eu contact avec des malades supposés atteints de la contagion.

Dès qu'il en eut connaissance, le général en chef fait paraître un
ordre du jour dans lequel il déclarait ce chirurgien déchu de la
qualité de citoyen français. Il donna l'ordre qu'on l'habillât en
femme et qu'on le promenât sur un âne dans les rues d'Alexandrie
avec un écriteau sur le dos :

« Indigne d'être citoyen français, il craint de mourir. »

Puis il le fit jeter en prison, en attendant le premier bâtiment
qui put le ramener en France, et fit envoyer, par le commandant
d'Alexandrie, un exemplaire de l'ordre du jour au président de
son département avec invitation de le rayer de la liste des citoyens
français.

CHAPITRE X.

Reconnaissances dans le désert. — Derniers préparatifs de l'expédition de Syrie. — Formation des compagnies de Vétérans. — Récompenses données par le général Bonaparte aux braves de l'armée. — Rassemblement de la cavalerie à Belbeis. — Marche sur El-Arish. — Siège et capitulation du fort.

Boulacq, 4 février.

Dès son retour au Caire, le général Bonaparte fit compléter par des expéditions sur Katieh et Saléhié, la reconnaissance qu'il venait de pousser lui-même jusqu'à la Mer Rouge et aux sources de Moïse.

Le chef de brigade Duvivier reçut ordre de mettre 60 hommes à la disposition du chef d'escadron Croïzier, pour une marche dans le désert ; le but était de reconnaître les puits qui peuvent servir de halte dans la marche sur El-Arish.

Le 14, le chef d'escadron Lambert, du 3ᵉ dragons, aide de camp du général Dumas, prit avec lui 75 cavaliers de son régiment. Approvisionné à huit jours de vivres, il se dirigea par El-Ouad sur El-Rarus, et reconnut tous les chemins qui mènent à Katieh par le désert de Saléhié.

Le lendemain, notre chef de brigade reçut l'ordre d'aller enlever dans le désert les chameaux des Mokatam, sans toucher à ceux de Thor qui sont amis des Français. L'expédition ne dura que deux jours, mais peu après, le régiment dut fournir un nouveau détachement de 25 hommes avec le chef de brigade Hédé, pour aller à Miniet, disperser une horde d'Arabes dont il avait pris le camp tout récemment, et les pousser dans le désert, à cinq ou six heures de marche.

Comme le général en chef ne voulait laisser derrière lui aucun foyer de révolte, il prescrivit au général Murat de prendre avec lui 80 hommes de cavalerie et un bataillon de la 18ᵉ et de se porter sur Kélioubé pour y enlever le bétail, faire prisonniers les vieillards, les enfants, les femmes, brûler et détruire toutes les récoltes des Arabes Ayadelis ; le chef d'escadron Croizier se dirigea, avec 60 cavaliers et 100 hommes de la 69e demi-brigade, de manière à couper la retraite à tout ce qui tenterait de s'échapper. Le butin a été immense, et la punition de ces tribus, qui ont souvent bravé les ordres du général en chef, a produit le meilleur effet dans toute la province.

L'activité la plus grande règne dans les ateliers de l'Okel-des-Riz, les selliers du 7e hussards et du 18e dragons ont ordre d'achever au plus vite la confection des selles à la hussarde et à la dragonne, nécessaires pour compléter les approvisionnements de chaque corps. Ils resteront au dépôt pendant la campagne et ceux des autres régiments suivront l'expédition pour les réparations journalières. Tous les ouvriers des corps du Caire et du vieux Caire qui ont terminé leur habillement sont dirigés sur Boulacq pour hâter celui de la cavalerie qui est en retard.

Dans huit jours au plus, tout sera prêt. Le général en chef, plein de sollicitude pour les braves qui servent sous ses ordres, a ordonné de passer une revue à l'effet de constater quels hommes sont trop fatigués ou infirmes pour continuer un service actif. On en formera des compagnies de vétérans qui resteront à la garde de la citadelle du Caire. Le citoyen Dupas, qui était chef de bataillon des guides à pied, est chargé de constituer les premières compagnies et de les organiser sur le modèle de celles qui existent en France.

Le général Dumas, de plus en plus fatigué et souffrant, a dû solliciter d'une manière définitive, cette fois, sa rentrée en France, il ne quitte presque pas le lit et reconnaît qu'il ne peut plus rendre de services à la cavalerie qu'il a dirigée pendant plusieurs campagnes de la manière la plus distinguée.

Le général Murat a été appelé à lui succéder dans ce commandement. En même temps que le général Dumas s'embarquera pour la France, un détachement de 200 infirmes ou aveugles, que l'on réunit en ce moment au Caire, et dont l'aspect misérable arrache des larmes aux hommes les plus insensibles. Les ophtalmies font toujours de grands ravages dans les détachements qui bivouaquent, surtout lorsque les soldats n'ont pas la précaution de se couvrir les

yeux pendant la nuit. L'irritation devient excessive et très douloureuse et gagne souvent jusqu'à priver de la vue le malheureux qui
en est atteint.

A la veille du départ, le général Bonaparte fait remettre, à titre
de gratification, des actions de la Compagnie Egyptienne à plusieurs officiers, dont le chef de brigade Duvivier, du 14e Dragons,
Bron, du 3e, et Pinon, du 15e, en reconnaissance des services rendus ; il a fait cadeau, en toute propriété, aux généraux Lannes,
Dommartin et Murat, des maisons qu'ils occupent, et ordonné de
partagé en dix lots chacune des îles de Raoudah et de Boulacq, à
l'exception des bâtiments militaires qui y sont établis, de les donner, à titre de gratification, aux officiers qui se distingueront en
Syrie.

Les récompenses destinées aux soldats ne sont pas moins flatteuses : Les tambours recevront des baguettes garnies en argent,
comme prix des actes de courage, il y en aura vingt-cinq pour
l'armée, et les trompettes auront des trompettes d'argent, dont le
nombre est fixé à cinq, les canonniers qui se feront remarquer par
la justesse de leur tir ou leur intrépidité à servir et défendre leurs
pièces, recevront une petite grenade d'or qui s'attache sur le bau-
drier, le nombre a été fixé à quinze pour toute l'armée. 200 Fusils
garnis d'argent récompenseront les soldats et cavaliers les plus
courageux ; enfin le général a fait connaître qu'il reste 25 sabres
d'honneur pour les actions de bravoure extraordinaire.

Boulacq, 7 février.

Le 1er de ce mois, les escadrons de campagne ont été désignés :
Le 7e et le 22e chasseurs forment chacun un escadron de cent hommes ainsi que le 18e de dragons.

Les 3e, 14e et 20e régiments mettent sur pied tout leur monde
disponible.

Notre régiment fournit 120 hommes montés, avec 12 officiers et
29 chevaux d'officiers, la force des deux autres régiments est à peu
près la même. Les chefs de brigade Bron, Duvivier et Hédé doivent servir sous le général Murat, qui a été autorisé à choisir un

officier pour le détail de la cavalerie, en attendant l'adjudant général Roize, qui arrive de la Haute-Egypte.

Le chef d'escadron Jollivet, du 14e dragons, qui se sentait trop fatigué, a obtenu de rester au Caire où il commande la 9e section.

Le chef d'escadron Lambert, qui devait commander l'escadron du 22e chasseurs, vient d'être designé pour partir avec l'escadron de dromadaires qui est déjà constitué. Le chef d'escadron Cavalier reste au Caire pour organiser et faire partir, au fur et à mesure des besoins, le 2e escadron de ce régiment que le général en chef vient d'assimiler aux dragons pour la solde et les masses.

Plusieurs régiments fournissent un lieutenant, un brigadier ou maréchal-des-logis et quatre cavaliers d'ordonnance aux généraux Kléber, Desaix, Bon, Reynier et Lannes ; le 14e n'est pas compris dans cet ordre, mais il envoie dix hommes à pied et un lieutenant pour la garnison du fort Camin à Boulacq.

Enfin les dépôts de la cavalerie légère au fort Sulkowski sont laissés sous le commandement du chef d'escadron Caire, et ceux des dragons à Boulacq aux ordres du chef d'escadron Spitzer.

Le général de brigade Leclerc, qui commande la cavalerie, restant en Egypte, hâtera l'habillement et l'équipement, pour que le plus grand nombre possible d'hommes rejoigne dans deux décades.

Le général en chef a passé à La Koubeh la revue des guides à cheval, de l'artillerie et de toute la cavalerie ; il a été satisfait et nous a répété qu'il compte sur nous pour un rôle décisif dans la campagne qui va s'ouvrir. Nous saurons lui prouver qu'il a eu raison d'avoir confiance dans notre zèle et notre courage.

Les généraux Kléber et Reynier sont déjà rendus à El-Arish avec les 9e, 75e et 85e demi-brigades de bataille.

La division Kléber se compose de la :

2e Demi-brigade légère ; 25e demi-brigade de bataille ; 75e demi-brigade de bataille.

La division Reynier, qui occupait déjà Belbeis et Saléhié :

9e Demi-brigade de bataille ; 85e demi-brigade de bataille.

La division Bon part du Caire, elle est formée de :

18e Demi-brigade de bataille ; 32e demi-brigade de bataille.

La division Lannes de :

22ᵉ Demi-brigade légère; 13ᵉ demi-brigade de bataille; 69ᵉ demi-brigade de bataille.

La cavalerie quitte Boulacq et se dirige sur Belbeis, où elle sera rejointe par le 3ᵉ de dragons qui s'y est réuni. Il ne reste plus en Egypte que la 19ᵉ bataille, les troisièmes bataillons des régiments avec les légions nautique et maltaise.

Du Camp devant EL-ARISH, 15 février.

Enfin nous voici en campagne ; jamais je n'ai vu de chevaux plus chargés marcher d'un pas plus allègre. Outre le cavalier et ses armes chaque cheval porte quatre jours de vivres, vingt litres d'eau dans des outres et des ustensiles de campement ; on croirait qu'ils vont plier sous le faix, pas du tout, ils secouent leur longue crinière, hennissant d'un air joyeux et semblant aspirer avec délices les fraîches brises qui s'élèvent des sources au milieu des bouquets de palmiers près desquels ils bivouaquent. Sobres, infatigables, ils boivent quatre fois moins qu'un cheval français et marchent dix fois mieux ; c'est une race de chevaux tout à fait propres au genre d'expédition que le Général en chef a entrepris.

Le 9, nous étions campés près de Belbeis et le 10, le général Murat reçut l'ordre d'aller cantonner dans les villages à gauche et au-delà de Coraïm. Le 11 nous poussions jusqu'à Katich qui est l'extrême limite des postes établis par le général Reynier sur la route du désert. Nous avons séjourné deux jours à cet endroit où la prudence du Général en chef avait fait réunir les provisions nécessaires pour la route, le pays est, en effet, dénué de ressources jusqu'à El-Arish. A peine rencontre-t-on çà et là, quelque hutte de terre sèche, habitation d'un pasteur du désert ; le 13, nous poussions jusqu'aux trois citernes de Birk el Ayoub et le 14, à Massoudiac ; le 15, nous nous trouvons en vue d'El-Arish, d'où le général Reynier a chassé, dès le premier jour, les Arnautes et les Maugrabins qui s'étaient installés dans le village.

Les grenadiers de la 9ᵉ demi-brigade les poursuivirent la baïonnette dans les reins jusqu'aux portes du fort qui est pourvu d'une bonne muraille flanquée de tours, mais sans fossé.

Comme nous ne pouvons être d'aucune utilité pour le siège de ce fort, le général Murat reçut l'ordre d'aller camper à un bois de Palmiers où aboutit un torrent dont le lit est à sec ; le pays est assez agréable et quelques jours de repos remettront nos chevaux que la rapidité de notre marche et la charge qui leur avaient été imposée ont un peu fatigués.

Dans les deux derniers jours, les moins robustes avaient été chargés d'escorter l'artillerie dont l'allure a été plus lente que la nôtre.

EL-ARISH, le 25 février.

La canonnade a duré pendant cinq jours contre le fort et le sixième, comme la brèche était faite, le chef de l'Etat-Major Berthier envoya un parlementaire pour sommer le gouverneur de rendre El-Arish. Ces barbares, ignorants des premiers usages, n'en continuèrent pas moins le feu auquel répondaient nos pièces de campagne car l'artillerie de siège ne marche pas avec l'armée et doit être transportée par mer Enfin, vers le soir, après des négociations les plus singulières du monde entre-mêlées de coups de canon, Ibrahim Neran, commandant du fort, se décida à capituler avec le colonel des Maugrebins, l'aga des Arnautes et le chef des munitionnaires.

Le Général en chef craignant que l'ennemi ne tentât de s'enfuir dans le désert, prescrit au général Murat de faire monter à cheval et de se placer en observation pour couper toute retraite, mais cette mesure fut inutile ; toute la garnison déposa les armes se confiant dans la générosité du général Bonaparte.

Outre cent chevaux et 90 chameaux qui avaient été pris dans le camp, les ennemis déposèrent aux pieds de leurs vainqueurs 8 drapeaux et un grand nombre d'armes précieuses. Leurs munitions, les subsistances et les fourrages furent d'un précieux secours pour le convoi. Enfin, le général Bonaparte donna l'ordre de répartir dans les corps de cavalerie 300 chevaux qui ont été capturés et qui remplaceront ceux qui sont fatigués.

Ce premier succès a enflammé tous les courages, nul ne doute que Djezzar ne soit promptement vaincu, et ses troupes dispersées. Nous partons demain avec la division Kléber qui prend l'avant-garde de l'armée. La cavalerie n'a fait encore aucune perte et nous comptons 800 bons chevaux sous les ordres du général Murat prêts a aborder les Mamelucks et autres cavaliers des Pachas ; de plus, on nous adjoint aujourd'hui même, un certain nombre de Maugrebins qui ont demandé au général Bonaparte la faveur de servir dans son armée après la capitulation d'El-Arish. Ils sont destinés surtout à former des avant-gardes irrégulières.

CHAPITRE XI.

Combats de Gaza et de Zeta. — Prise de Jaffa. — Capture d'une canonnière anglaise à Caïffa, — Marche sur St-Jean-d'Acre. — Occupation des moulins et de Cheif-Amer, par la cavalerie. — Assaut infructueux du 28 mars.

GAZA, 25 février.

Le 21, au matin, nous levâmes le camp et le général Murat envoya auprès de Kléber pour prendre ses ordres. Nous avions reçu une distribution pour quatre jours, en prévision de la traversée d'un pays tout à fait dénué de ressources.

A midi, la colonne se mit en mouvement, l'escadron du 22ᵉ chasseurs prenant l'avant-garde, nous traversâmes le torrent desséché qui venait aboutir au bois de Palmiers et nous marchâmes sur un sol couvert de courtes bruyères. A trois heures le terrain commença à s'élever insensiblement et devint plus découvert ; nous approchions de Kan-Jounes, où se trouvent des puits qui marquaient l'endroit de la halte. L'étape avait été de cinq lieues environs. On bivouaqua jusqu'au jour à cet endroit. La marche se continua le lendemain dans les mêmes conditions. Les chasseurs prirent huit paysans qui conduisaient des chameaux chargés d'orges et qui déclarèrent connaître très bien le chemin de Cheik-Zoël où nous nous dirigions.

Sur leurs indications, la tête de colonne tourna un peu vers la gauche pour se rapprocher du bord de la mer ; le chemin, coupé à chaque instant par des monticules de sable, fut extrêmement pénible, une soif ardente nous dévorait tous, hommes et chevaux et nous n'avions plus une goutte d'eau.

Après quatre heures de marche, nous atteignîmes un ravin à fond uni qui longeait la mer à une lieue de distance environ. A ce moment les patrouilles qui côtoyaient la colonne aperçurent le général en chef sur notre droite et presque à notre hauteur.

Le général Kléber avait donc été trompé par les renseignements des paysans. Craignant quelque surprise pour le général Bonaparte qui devait se croire couvert par la division d'avant-garde, le général Murat rassembla toute la cavalerie et se porta aussi rapidement que la fatigue des chevaux le permit, en avant du général en chef sur la route de Cheik-Zoël, que l'on atteignit à minuit.

La division Kléber harassée dut s'arrêter à deux heures du matin et bivouaquer où elle se trouvait; ce jour là, la gaieté avait disparu, nous n'avions pas bu depuis quarante-huit heures, et la chaleur était déjà très forte, chacun mangea un morceau de biscuit tout sec et s'établit le moins mal qu'il put. Le chemin était si difficile et la fatigue si grande que l'on dut tripler le nombre des chameaux employés aux attelages.

Enfin le 24, nous arrivâmes à proximité de Gaza, et l'aspect du pays changea tout à coup. Les riantes vallées ombragées d'arbres, les villages entourés de jardins, les frais cours d'eau succédaient à l'aride désert que nous venions de parcourir depuis El-Arish.

Je crois qu'il n'y a point dans l'histoire d'exemple d'une marche de troupe européenne, traversant aussi rapidement une contrée si désolée et avec si peu de ressources.

Abdallah-Pacha, à notre approche, sortit de Gaza avec une nombreuse cavalerie qui se répandit sur les collines avoisinantes, cherchant à nous envelopper. Le général Murat prit aussitôt ses dispositions de combat et fit prévenir le général en chef que nous étions en présence de l'ennemi. Chacun se réjouissait d'aborder cette cavalerie que nous ne doutions pas de renverser au premier choc, mais à notre approche elle se retira toujours petit à petit, se contentant de nous observer. En vain le général Murat employa toutes les manœuvres, tous les stratagèmes pour les attirer en plaine. Ils refusèrent constamment le combat. Sur les entrefaites, nous vîmes accourir des pelotons de carabiniers qui venaient appuyer la cavalerie, c'étaient les braves de la 22e légère qui, harassés et marchant à la queue de la colonne, s'étaient cependant trouvés en mesure de nous soutenir et d'arriver à nous avant les autres corps de l'armée.

Le reste de la journée se passa sans escarmouches et le soir toute trace d'ennemis avait disparu.

Le lendemain les notables de la ville vinrent au devant du

général Bonaparte. Abdallah s'était retiré dans la nuit emportant ce qu'il pouvait, mais sans avoir le temps de détruire les magasins qui avaient été formés à Gaza, pour la subsistance des troupes de Damas.

Les ressources que nous trouvâmes dans la ville, nous dédommagèrent des privations que nous avions souffertes depuis si longtemps. On put y faire du pain et nous n'en avions pas mangé depuis Boulacq ! Les chevaux touchèrent ration complète de fourrages et les bêtes de somme paturèrent largement. Toutes les fatigues, toutes les misères étaient oubliées.

Le général en chef voulut utiliser de suite notre conquête. Il y établit un dépôt de cavalerie et prescrivit d'y aménager des casernes de passage pour les troupes qui viendraient d'Egypte ou y retourneraient, ne voulant pas qu'elles bivouaquassent en dehors de la place à moins que leur nombre ne fut trop considérable.

Le 27, le général Kléber reprend l'avant-garde, toujours couvert par la cavalerie. C'est Jaffa que nous devons maintenant atteindre. Une demi-heure avant le jour nous nous mettons en marche et le soir nous bivouaquons un peu au-delà du village d'Esdoud sur la route de Ramleh. Le 28, nour devons pousser jusqu'à ce dernier point que le général en chef a donné l'ordre d'occuper s'il n'est aux mains de l'ennemi. Dans le cas où une attaque de vive force aurait peu de chance de réussite ou devrait coûter trop de sang, nous prendrons position en avertissant le général.

JAFFA, 11 mars.

Ramleh n'étant pas occupé, nous y avons passé deux jours, et le 2 mars, l'armée toute entière s'est portée de ce point sur Jaffa, où l'ennemi a l'intention d'opposer une vigoureuse résistance, d'après les rapports des espions, mais que peut l'aveugle résistance de ces fanatiques contre le génie de notre général et la valeur des troupes qu'il commande.

Pendant que la division Bon établit ses batteries pour faire brèche aux remparts de la place, Bonaparte envoie 400 hommes d'infanterie et 60 cavaliers en reconnaissance avec un chef d'escadron dans la direction de Naplous, dont ont signale les mauvaises dispositions. Le camp de cavalerie s'établit sur la rivière de la Hoya, et nous fournissons des postes pour observer la route de Damas, par laquelle peuvent accourir des renforts.

Le lendemain la brèche fut jugée praticable, et comme il n'y avait point de fossé, les grenadiers s'élancèrent à l'attaque, et refoulèrent les gardes dans la ville, les colonnes d'attaque précédées des adjudants généraux les suivirent de près. L'ennemi qui avait refusé la capitulation offerte par la générosité du général en chef, se défendit maison par maison, rue par rue ; Bonaparte abandonna ces fanatiques à la fureur du soldat. Sur trois mille cinq cents hommes qui formaient la garnison, la moitié fut passée au fil de l'épée et le reste fusillé le lendemain. Seuls trois cents Egyptiens qui se rendirent furent renvoyés dans leur pays. Pendant vingt quatre heures la malheureuse ville fut livrée au pillage et du camp de Mauhr Agzine nous entendions les clameurs furieuses qui s'élevaient au milieu des incendies. Enfin nous recevons avis de descendre dans Jaffa pour y établir l'ordre. Dans le port on a saisi un grand nombre de bâtiments turcs, renfermant des ressources considérables en vivres et munitions, 20 pièces de campagne sont tombées en notre pouvoir. Les pertes de l'armée s'élèvent a 200 hommes dont trente tués. Parmi les blessés, le général Damas qui eut le bras cassé à l'attaque de la place et fut remplacé par le général Junot à l'Etat-Major de Kléber. L'ordre rétabli, le général en chef prescrit de tranporter à Jaffa les dépôts établis à Gaza, et de rassembler des vivres pour toute l'armée. Le convoi s'est accru considérablement par les prises faites à Gaza et à Jaffa et nous emportons des approvisionnements pour huit jours.

Enfin le 14 nous recevons l'ordre de marcher sur St-Jean d'Acre.

Devant St-Jean d'Acre 20 mars.

Le 15 au matin nous partions pour Miskri, et notre avant garde ne tarde pas à voir arriver de nombreux cavaliers qui suivent le sommet des collines pendant qu'à travers les roches paraissent et se cachent successivement des bandes armées.

Le général Murat fait prévenir le général en chef et donne l'ordre de ralentir la marche. Bientôt nos patrouilles s'engagent contre les Mamelucks, et des renforts leur venant continuellement, de nombreux combats partiels se livrent dans la plaine de Zeta. Les cavaliers ennemis soutiennent notre choc avec la plus grande fermeté, mais l'arrivée de l'infanterie légère qui accourt au lieu change ces escarmouches en un combat réglé.

Nos efforts rompent enfin les groupes des Mamelucks qui fuient en désordre et l'infanterie légère se jette sur notre droite pour en finir avec les Naplousains dont le feu nous avait gênés pendant la première partie de cette affaire. Malheureusement les carabiniers se laissent emporter par leur ardeur et poursuivent l'ennemi trop loin à travers les rochers et les broussailles. Quand le général en chef, qui est arrivé sur le terrain du combat, veut faire cesser un combat inutile, l'infanterie légère éprouve quelques pertes en rejoignant le gros de l'armée. De chaque rocher part un coup de fusil et leur retraite est ainsi poursuivie par le feu d'ennemis invisibles jusqu'à ce qu'ils aient gagné la plaine.

Le 16 nous quittons Zeta à 8 heures du matin et le général Junot prend une partie de la cavalerie pour suivre le bord de la mer. La marche est de peu de durée et nous bivouaquons sans incident à la tour située à 3 lieues de Zeta. Le 17 nous gagnons Sabarni et le 18 Erbedeh tout près de St-Jean d'Acre.

Le général en chef a laissé pendant la route le chef d'escadron Lambert à Caïffa avec les dromadaires et un bataillon de la 2e légère. Ce port est très fréquenté et l'habileté du commandant vaudra sans doute quelques prises sur les Turcs et leurs alliés les Anglais.

Nous voici donc devant cette place célèbre où Djezzar s'est enfermé sans oser risquer un combat en rase campagne. Les vantardises ont cessé depuis que nous avons mis le pied sur le sol de la Syrie, il tremble au fond de son palais ; mais il est trop tard et déjà sous nos boulets ses murs commencent à s'écrouler.

Dans les combats que nous venons de livrer nous avons perdu environ 50 chevaux qu'il est impossible de remplacer. Comme l'armée ne marchera sans doute pas d'ici quelque temps, le général en chef a invité les officiers ou employés, qui ont plus de chevaux qu'il ne leur en faut, à les envoyer à l'état-major ou au général

Murat qui les paieront et les répartiront entre les régiments de cavalerie.

Depuis que les opérations du siège sont commencées, nous avons eu peu à faire. Le général Murat a prescrit d'établir des postes aux moulins de Tanous et de Guaidaneh d'où l'on découvre au loin la plaine, de fréquentes patrouilles battent le pays pour assurer la sécurité des petits détachements et tranquilliser la population. Enfin nous fabriquons des fascines de jonc pour le service de la tranchée.

Déjà le chef d'escadron Lambert s'est signalé à Caïffa : Une chaloupe canonnière anglaise s'était avancée pour capturer quelques bateaux légers qui ont su l'amener tout près de terre. Lambert, qui s'était embusqué, s'est jeté tout à coup à la mer avec ses braves de la 2e légère. Ceux-ci ont escaladé en un clin d'œil la chaloupe dont l'officier commandant fut tué, après une vive résistance, 22 prisonniers et 2 pièces de canons ont été les trophées de ce succès. Si nous ne sommes pas heureux sur mer, il faut reconnaître que les Anglais ne le sont guère sur terre, car il n'y a pas eu dans cette affaire un seul des nôtres blessé.

Devant ACRE, 30 Mars.

La vie devient moins monotone ; puisque chaque jour nous avons avec les Turcs et les Naplousains quelque nouvelle affaire. Le 22 le général Murat a emmené 300 chevaux avec une pièce de canon pour protéger, au village de Cheif-Amer l'enlèvement de chameaux et de grains appartenant à Djezzar. Les habitants se sont soulevés contre ce tyran et ils ont aidé le détachement à repousser les Naplousains. Un bataillon de la 18e de bataille reste à ce poste avec 50 cavaliers.

30 Dragons ont été envoyés à Caïffa pour être mis à la disposition du commandant Lambert.

Le 26 le général Murat reçut l'ordre d'aller avec 200 cavaliers, 500 fantassins et 2 pièces de canon dissiper des rassemblements qui se sont formés du côté de Saffet (ancienne Bethulie) et qui empêchent les provisions d'arriver au camp.

Nous devions partir le 27 pour cette expédition, quand l'ordre est arrivé de la retarder à cause d'un assaut général qui doit être donné le lendemain à la place, la brèche étant jugée praticable. Nos braves se sont lancés à l'attaque avec leur ardeur habituelle mais en arrière de la brèche ils se sont trouvés arrêtés par un fossé de plus de trente pieds. Exposés sans défense au feu des assiégés, ils ont dû battre en retraite après d'infructueux efforts pour franchir le fossé. Les adjudants généraux Lescaille et Laugier et l'adjudant Mailly ont payé de leur vie cette tentative prématurée. Cet échec, loin d'abattre les courages n'a fait que les exciter ; nous avons maintenant nos morts à venger.

→·✳·i·→

CHAPITRE XII.

Reconnaissance du Pont Jacob. — La peste paraît dans le camp. —
Dévouement de Desgenettes. — Expédition de Junot sur Nazareth.—
Combat de Cana. — Arrivée des troupes de Damas au secours de
Saint-Jean-d'Acre.

Devant Acre, 10 avril.

L'expédition du général Murat au Pont Jacob et sur la route de
Damas, retardée par l'assaut du 28, a eu lieu le 1er Avril seulement.
Elle a permis de constater que le Pont Jacob avait été l'objet de
tentatives de destruction, restées heureusement sans effet. L'eau
est très abondante, mais il y a peu de ponts permettant l'accès
d'une rive sur l'autre ; une mauvaise passerelle qui se trouve à
400 toises du Pont Jacob a été détruite par les troupes d'Ibrahim
lors de leur passage et au-delà l'on ne trouve un pont qu'à douze
heures de marche plus loin de l'autre côté du lac de Tibérieh ;
cette reconnaissance ne s'est pas effectuée sans combats, les
bandes qui parcourent le pays sont très hardies et l'on a été obligé
d'en sabrer quelques-unes pour avoir la paix. Dans ces petits engagement les citoyens Duroc et Beauharnais ont été blessés légèrement.

Le vent d'Est qui commence à souffler a apporté au camp les
germes de maladies contagieuses et le Général en chef a été obligé
de prononcer l'évacuation des malades sur Jaffa. Beaucoup d'entre
eux ont été très affectés par la fièvre et se sont crus perdus, mais
le médecin en chef Desgenettes les a rassurés et pour leur prouver
que les boutons qui couvraient leurs corps n'étaient point
dangereux, il n'a pas hésité à s'en inoculer le venin et il s'est
traité devant les malades par les remèdes qu'il leur ordonnait. Le
courage de ce citoyen aussi savant que dévoué a rassuré les timi-
des et peut-être amené une réaction favorable chez beaucoup.
Cependant l'adjudant-général Grézieux est mort le 4 et l'on cache
autant que possible les pertes que font journellement les lazarets.

En même temps que le général Murat se dirigeait sur le Pont de

Jacob, le général Junot est parti avec 300 fantassins de la 19e de bataille et de la 2e légère et 150 dragons du 3e et du 14e, sous le chef de brigade Duvivier, pour dégager Cheif-Amer et Nazareth, et rétablir les communications avec le camp.

Notre mission réussit pleinement, et nous nous sommes installés à Nazareth où la population, rassurée par notre présence, nous apporta en abondance les fruits du pays et toute sorte de provisions. Mais vers le 6, les coureurs du Cheik-Daher, qui est notre allié, annoncèrent que la garnison de Tiberieh se renforçait de troupes venues de Damas et qu'elle avait l'intention de tenter un coup de main sur les villages voisins de Nazareth.

Le général Junot tomba d'accord avec les chefs de brigade Duvivier et Dunoyer de la 2e légère, qu'il fallait prévenir ce mouvement et 8 au matin nous nous sommes mis en route à la pointe du jour pour dissiper les bandes ennemies.

Notre petite troupe comprenait 125 cavaliers et environ 300 hommes des deux demi-brigades, il ne resta à Nazareth que les gardes du camp.

A hauteur de Canâa-Galilea, sur la route de Tiberieh, le fils du Cheik-Daher accourut au galop prévenir que des forces considérables de cavalerie semblaient se diriger vers le mont Thabor. Junot nous prescrivit alors de tourner un petit mamelon où l'on apercevait une centaine de cavaliers pendant que lui-même s'avançait droit sur la hauteur ; mais ils n'attendirent pas l'attaque et se retirèrent en plaine.

Nous distinguâmes alors un millier de chevaux devant nous ; les tirailleurs d'infanterie ouvrirent le feu contre ce corps de cavalerie et nos dragons frémissants d'impatience s'apprêtèrent à les charger. A ce moment notre arrière-garde aperçut cinq à six cents cavaliers qui s'avançaient pour attaquer la queue de la colonne ; ils venaient de Loubi et, contre l'habitude des Turcs et des Arnautes, marchaient au pas et en fort bon ordre. Pour faire face à cette nouvelle attaque, Duvivier commande demi-tour à nos derniers rangs, ce qui s'exécute avec le plus grand calme.

Les chasseurs et les hussards qui éclairaient notre marche rentrent dans les rangs et nous partons à la charge contre l'ennemi.

Une courte mêlée s'engage, les Turcs reçoivent le choc sans faiblir et les coups de cimeterre pleuvent dru sur nos casques. Enfin nous enfonçons leurs rangs, ils commencent à lâcher pied et le feu des grenadiers de la 19e qui ont fait demi-tour en même temps que nous, achève de les mettre en fuite.

Mais ce n'est là qu'un premier engagement qui a eu pour résultat de nous dégager un peu. En effet de nouveaux groupes de cavaliers accourent sans cesse, ils sont maintenant plus de trois mille autour de nous.

Le général Junot avec un sang froid admirable remet de l'ordre dans sa petite troupe et nous gagnons tranquillement la hauteur voisine. Dans ce moment nous passons de la droite à la gauche par où venait le plus de cavalerie turque.

Le feu avait cessé de part et d'autre, il était environ dix heures du matin.

A peine sommes-nous établis dans notre position que les cavaliers turques fondent sur nous au galop en poussant des cris horribles. Leurs cimeterres brillent au soleil, les manteaux flottants découvrent leurs riches vêtements brodés d'or ; leurs chevaux bondissent avec fureur et semblent partager leur rage. De notre côté règne le plus profond silence. Nos dragons ont le fusil haut, prêts à faire feu, les carabiniers de la 2e légère attendent un repos de l'arme. A demi portée de mousqueton seulement, Junot commande le feu. La fusillade éclate alors couvrant le bruit des hennissements et le fracas des armes. A travers l'épaisse fumée qui nous entoure j'aperçois ces hideux cavaliers au visage basanné qui hurlent autour de nous comme des démons, mais déjà le chef de brigade Duvivier a fait mettre le sabre à la main, nous recevons de pied ferme la charge furieuse des Turcs et nos lattes commencent de terribles ravages dans leurs rangs. Un Mameluck richement vêtu vient me décharger à bout portant son pistolet dans la tête, la balle m'atteint légèrement, mais j'ai la consolation de l'étendre mort à mes pieds. A ce moment j'aperçois le brigadier Prévot luttant à pied contre deux Turcs, son cheval s'est abattu sous lui frappé d'une balle, mais il a pu se dégager à temps et pare avec un calme étonnant les coups précipités que lui portent ces ennemis. Le brave Pignard court à lui et passe son sabre au travers du corps d'un des ennemis pendant que Prévot abat l'autre d'un coup de revers.

Au milieu de cette effroyable mêlée le chef de brigade Duvivier et le chef d'escadron Sainglan du 3e dragons exhortent nos cavaliers à tenir bon. Un capitaine du 3e dragons tombe frappé mortellement, quelques hommes de sa compagnie dégagent à grand peine son cadavre. Un peu plus loin un maréchal-des-logis du même régiment attaque un Mameluck qui porte l'étendard à longue queue de cheval, les deux cavaliers s'étreignent corps à corps, leurs montures se mordent avec fureur ; enfin le groupe tout entier roule à terre, mais le Turc gêné par ses vêtements flottants n'a pu se relever à temps, la latte du maréchal-des-logis s'enfonce dans sa poitrine et il expire avec la rage de voir son étendard aux mains de l'ennemi. Cependant les attaques deviennent moins pressantes, les feux de file de notre infanterie ont succédé aux salves du premier moment, leur crépitement continu se mêle au fracas des armes qui se heurtent, les cavaliers tombent nombreux sous leurs balles, bientôt tout fuit de nouveau et nous restons isolés au milieu d'un terrain jonché de cadavres.

Le général Junot met à profit ce moment de répit pour rétablir sa ligne ; la cavalerie surtout a souffert ; notre feu, moins efficace que celui de l'infanterie n'a pas tenu l'ennemi en respect et dans la mêlée plusieurs braves ont perdu la vie, une dizaine de chevaux sont également tués ou blessés et les cavaliers démontés se jettent vivement dans les rangs des carabiniers de la 2e légère pour faire le coup de feu comme fantassins.

Le repos n'est pas de longue durée ; la nuée de cavaliers turcs revient tout-à-coup de l'extrémité de la plaine et fond comme un ouragan sur notre petite troupe. Mais l'accueil qu'ils reçoivent les met promptement en fuite, une centaine seulement s'acharne autour de nous avec une rage impuissante. En vain font-ils tourbillonner leurs chevaux devant nos rangs, cherchant à trouer notre ligne, plusieurs jettent leurs lances comme des javelots pour se frayer un passage à travers ce front hérissé de baïonnettes ; un à un ils tombent sous les balles des carabiniers. Deux des plus braves et des plus agiles se précipitent sur Junot, qu'ils ont, à son costume reconnu pour le chef de la troupe, il en abat un d'un coup de pistolet et traverse de son sabre, la poitrine du second.

Dans cette dernière attaque, quatre étendards tombent entre nos mains, mais ceux qui les ont pris, gênés dans la mêlée, en jettent deux qui sont perdus. Vers trois heures il reste à peine quelques blessés sur le champ de bataille, les Turcs disparaissent à l'extrémité de la plaine pour ne plus revenir.

On se compte alors avec angoisse car l'affaire à été rude et pendant cinq heures nous avons tenu en rase campagne et sans canon trois cents contre trois mille.

Outre le capitaine du 3e dragons, nous avons perdu 8 dragons. 2 carabiniers et un grenadier. Le nombre des blessés s'élève à 48 : 2 hussards dont un officier, 2 chasseurs, 8 dragons parmi lesquels le sous-lieutenant Malines du régiment sont hors de combat. La 2e légère a 11 carabiniers et la 19e 22 grenadiers et un officier, plus ou moins grièvement atteints. Mais tous les blessés peuvent suivre la colonne pour regagner Cana.

L'ennemi ne songeait guère à inquiéter notre marche, la résistance de cette poignée d'hommes les avait frappés de stupeur et ils fuyaient pour cacher au loin leur honte.

Le soir même nous rentrions à Nazareth, d'où le général Junot envoya un courrier pour annoncer au général en chef le résultat de ce combat. Il a fait le plus grand éloge de notre conduite et il a terminé son rapport par cette phrase flatteuse à l'endroit de notre chef.

« Le citoyen Duvivier s'y est conduit comme à son ordinaire, « c'est assez vous dire qu'il a mis toute la bravoure et le sang « froid que vous lui connaissez. Sainglan chef d'escadron du « 3e dragons l'a bien secondé. »

En nous donnant connaissance de ce qu'il écrivait au général en chef, Junot nous a récompensés de toutes nos fatigues. Le chef de brigade Desnoyers, dont la conduite a été aussi admirable demande instamment qu'on nous envoie des cartouches ; dans le fait toutes les gibernes sont à peu près vides tant le feu a été nourri. Le détachement qui escorte le courrier a emporté à Acre, les trois étendards qui sont restés en notre pouvoir.

Le 10, nous reçumes l'ordre de quitter Nazareth et les environs pour nous porter sur Acre. On annonce de tous côtés qu'une armée formidable va déboucher de Damas pour nous assaillir sous les murs de St-Jean-d'Acre. dès notre retour au camp, le général en chef prescrit l'occupation des moulins de Tanous et de Guaidaneh et l'envoi de fort partis de cavalerie pour battre le pays et avoir des nouvelles de l'ennemi. Une de ces reconnaissances rapporte les cadavres dépouillés de quatre soldats que l'on reconnait pour des grenadiers de la 18e, sortis du camp malgré les ordres. Ces malheureux ont été égorgés par les Naplousains qui ont eu la barbarie de leur couper plusieurs parties du corps même les plus cachées.

CHAPITRE XIII.

Bataille du Mont Thabor. — Prise du camp du Pacha de Damas. — Ordre du jour du 2 floréal sur le combat des trois cents braves. — Mort du général Caffarelly. — Assauts infructueux. — Massacres de Mansourah et de Damanhour. — Situation critique du Bahiré.

Devant ACRE, 22 avril.

Le général en chef ne tarda pas à être fixé sur la force et les desseins d'Abdallah, et les mesures qu'il a prises ont fait avorter tous ses plans.

Le 13, au matin, le général Murat ayant avec lui le général Rambaud, emmena la 4e légère, et la force d'un bataillon des 9e, 18e et 25e demi-brigade de bataille, pour aller couper de Damas et de Naplouse, un poste de 1,200 cavaliers qui s'étaient avancés au pont de Jacob.

En même temps le chef de brigade Bron, reçut l'ordre de replier les postes de Tanous et de Guaidaneh et d'aller avec le 7e de hussards, les 14e et 20e dragons rejoindre le général Kléber avec 2 pièces de 4 et 10.000 cartouches.

Notre petite colonne partit au jour, le 14, et se dirigea par Cana sur Nazareth, d'où l'on entendait par intervalle la fusillade dans la direction du Mont Thabor. C'était la division Kléber qui recevait le choc de toute l'armée turque de Damas. Bientôt nos hussards qui faisaient l'avant-garde se replièrent sur la colonne et le chef de brigade Bron fit faire des signaux convenus pour annoncer au général Kléber, l'arrivée des munitions dont il avait le plus grand besoin.

Le lendemain au matin, le général en chef accourait pour livrer au Pacha de Damas bataille près du Mont Thabor, et débloquer Kléber, dont les carrés avaient résisté seuls toute la journée précédente.

Le 15, nous avions reçu l'ordre de remonter le long du lac de Tabarieh, pour nous porter au pont Jacob où se trouvait le général Murat.

A notre arrivée il prévint le chef de brigade Bron qu'il devait enlever le camp ennemi pendant que le général en chef attaquait l'armée près d'Esdrelon.

Notre avant-garde marcha avec tant de prudence qu'elle eut le bonheur de surprendre les gardes du camp et leur laissa à peine le temps de se mettre en défense, cependant le combat fut très meurtrier par la résistance acharnée que l'ennemi nous opposa.

Le lieutenant Tousch, qui avait déjà forcé l'enceinte avec son peloton, tomba frappé d'un coup de lance dans la poitrine, et le chef d'escadron Jollivet, en conduisant le régiment à l'attaque d'un gros parti de fantassins qui s'était rassemblé en avant des tentes, reçut un coup de feu à l'avant-bras gauche. Mais il ne voulut pas se retirer et continua à encourager nos dragons qui rompirent enfin cette dernière résistance et pénétrèrent à travers les tentes pêle-mêle avec les fuyards.

Le butin qui reste dans nos mains est immense : 400 chameaux richement chargés, tous les bagages, notamment ceux des mamelucks, des armes précieuses, des munitions et des approvisionnements qui suffiraient aux besoins de toute l'armée pour une année; enfin le fils du pacha de Damas est au nombre des prisonniers. Nos pertes ont été peu considérables. Le 17, au matin, nous apprenons que l'immense armée, qui venait débloquer Djezzar, a été dispersée la veille et fuit maintenant en désordre, après s'être vantée d'écraser nos régiments entre elle et les remparts de St Jean d'Acre.

Le 18, nous sommes de retour au camp, après une expédition si glorieuse, accomplie en quatre jours. Les richesses provenant du camp des Turcs sont considérables, et la plupart de nos dragons ont entre les mains des coupes et des plats d'argent qu'ils vendent à vil prix. Le général en chef, informé de ce fait, les a invités à porter au quartier général ces objets précieux qui leur seront payés au poids du métal.

La victoire du Mont-Thabor a eu un retentissement incroyable dans tout le pays ; les habitants ne doutaient pas qu'une armée si formidable ne dut anéantir notre petit corps, et notre victoire tient pour eux du prodige. Aussi s'empressent-ils d'apporter au marché qui est établi en arrière du corps toutes les provisions qu'ils nous refusaient naguère et nous vivons dans l'abondance.

Le siège continue toujours, sans grands progrès de notre part, mais l'amiral Ganthaume vient d'amener quelques pièces de siège qui avaient été embarquées à Damiette et le général Caffarelly en a formé une batterie de 24 pièces qui tonnent sans relâche contre les murs déjà ruinés de la place.

Notre service, outre les patrouilles incessantes fournies aux environs et la surveillance des postes éloignés, consiste à transporter jusqu'aux tranchées les fascines et gabions nécessaires, mais le général Andréossy a fait remarquer avec raison la difficulté qu'il y a pour un cavalier à porter devant lui une fascine et un gabion et je crois que ce service va être modifié.

Le 21, lorsque le calme est revenu dans le camp, le général en chef, qui avait chaudement félicité le général Junot sur notre conduite à l'affaire de Nazareth, a fait paraître un ordre du jour qui, pour tardif qu'il est, n'en a pas moins fait battre nos cœurs d'un noble orgueil.

Il a baptisé cet engagement, le combat des trois cents braves, et proposé une bourse de 500 louis pour le meilleur tableau qui le représenterait. Les Français y doivent être peints avec l'uniforme de la 2e demi-brigade d'infanterie légère et celui du 11e de dragons. Le général Junot et les chefs de brigade Duvivier et Desnoyers y figureront avec les chevaux qu'ils montaient, le citoyen Duvivier sur un cheval noir harnaché à la dragonne et le citoyen Desnoyers sur un cheval blanc à tous crins.

L'Etat-Major fera faire par les artistes que nous avons en Egypte des Mamelucks, des Janissaires de Damas, des Diletti, des Alepins, des Maugrebins, des Arabes et les enverra au Ministre de l'Intérieur à Paris, en l'invitant à en faire faire différentes copies et à les envoyer aux principaux peintres de Paris, Milan, Florence, Rome et Naples et à déterminer l'époque du concours et les juges qui devront décerner le prix (*).

(*) Le Baron Gros en fit une esquisse très poussée qui est aujourd'hui au musée de Nantes.

Tel est l'ordre du jour du 2 floréal (22 avril) dont copie sera envoyée à la municipalité des communes des braves qui se sont trouvés au combat de Nazareth.

Quelques actes d'insubordination ont été commis dans le camp de la cavalerie ; le général en chef les a réprimés avec la plus grande vigueur. Trois guides à cheval ont été renvoyés au dépôt du 14ᵉ dragons à Boulacq et un dragon du 20ᵉ qui avait tenu de mauvais propos a été rayé des contrôles et employé comme infirmier. Ces exemples dont tout le monde a reconnu la juste sévérité ont fait rentrer les mutins dans l'ordre. Les travaux de siège sont poussés avec la plus grande activité et nous coûtent journellement des pertes cruelles.

Le brave général Caffarelly, l'honneur de l'armée, a eu le bras emporté par un boulet dans une sortie que firent les assiégés tout récemment. L'amputation fut jugée nécessaire et le chirurgien en chef Larrey la pratiqua avec tout le bonheur possible. Malheureusement la chaleur qui commence à nous accabler et l'infection qui provient des ambulances amena une inflammation dont mourut le 22 avril ce militaire distingué, savant, aussi modeste que soldat courageux. Nous l'avions vu au débarquement d'Alexandrie suivre avec sa jambe de bois les premières lignes de tirailleurs, dans toutes les expéditions, il avait montré une hardiesse incroyable et une énergie qui ne se démentait jamais. Jusqu'à son dernier soupir il a été entouré de toutes les marques de respect et d'affection de la part de tous les généraux du corps expéditionnaire. Il emporte dans la tombe les regrets du général en chef et de toute l'armée. Le chef de brigade Crétin, l'un des militaires les plus distingués de l'arme du génie a été chargé de le remplacer dans la conduite des opérations du siège.

Devant ACRE, 30 Avril.

Le général en chef a prescrit récemment la formation dans chaque demi-brigade d'une compagnie d'éclaireurs qui doit être commandée par des officiers de mérite et susceptibles d'avancement. Ces compagnies se sont déjà distinguées dans les combats journaliers que les divisions du corps de siège soutiennent contre les Turcs de Saint-Jean d'Acre.

Ceux de la 18e et de la 32e demi-brigade se sont lancées le 28 à l'assaut de la place avec la plus grande valeur. Ils se sont emparés d'une tour, mais faute d'échelles, ils ont dû l'évacuer sous la pluie de balles et de matières inflammables dont les Turcs les accablaient des étages supérieurs. Leur retraite a été admirable et le général en chef a tenu à faire connaître par la voix de l'ordre la conduite de ces compagnies récemment organisées.

Malgré les efforts de toute l'armée et le génie de notre général, la place n'est point encore en notre pouvoir ; on dit que c'est un français, un émigré nommé Phélippeaux, qui la défend avec l'aide des Anglais. Sidney Smith, après avoir dispersé ou pris quelques uns de nos bâtimeuts légers qui apportaient des approvisionnements de Damiette, a débarqué des canoniers et des troupes anglaises à St-Jean-d'Acre. Cela se reconnait malheureusement trop à la précision du tir des bouches à feu, et nos grenadiers déclarent que depuis quelques jours toutes les têtes de colonne des assiégés, qui tentent des sorties, sont formées de soldats anglais.

De plus les nouvelles deviennent mauvaises en Egypte. Excités par les menées des émissaires anglais, les habitants de la Basse-Egypte se soulèvent contre les faibles détachements qui gardent le pays et refusent de payer l'impôt.

Le 19, le général Vial avait envoyé à Mansourah, un détachement de 125 hommes, la plupart du 18e dragons. Ces malheureux furent assaillis par plus de trois mille paysans armés, appuyés des Mamelucks, et massacrés avec la plus horrible barbarie. Le dragon Mourchoux, couvert de blessures put seul s'échapper et se fraya un passage jusqu'au Nil, où il se jeta, préférant une mort immédiate à de si horribles tortures. Mais la nature l'emporta, il se soutint sur l'eau, et malgré les pierres et les coup de feu qui étaient dirigés contre lui de la rive, il parvint à gagner un village ami. Cet infortuné fut le seul survivant de cet odieux massacre dont il fit le récit lorsqu'il put regagner Le Caire.

Le chef de brigade Lefebvre qui commande la province du Bahiré, se trouva en même temps dans la situation la plus critique. Un imposteur qui se prétend l'ange El-Mahdi annoncé aux Musulmans s'est jeté sur Damanhour avec 3 ou 4,000 Maugrebins, Arabes ou

Fellahs. La ville qui a toujours été hostile à la domination française s'est soulevée toute entière et a aidé le massacre de nos infortunés compatriotes, 115 soldats ont été assassinés et leurs cadavres
jetés au Nil. Au nombre des victimes, le 14e dragons compte le
lieutenant Firbach, militaire de mérite, c'était un ami sûr dont le
trépas indigne d'un si brave soldat a causé parmi nous la plus
cruelle émotion.

Ce Mahdi, a promis aux révoltés que les français seraient désarmés à leur approche et que ni balles, ni baïonnettes ne leur
causeraient la moindre blessure ; mais le général Marmont, qui
avait d'abord envoyé un trop faible renfort, expédia d'Alexandrie
des hommes et du canon, et les généraux Fugières et Lanusse se
sont joints au citoyen Lefebvre, pour écraser cette insurrection et
punir Damanhour d'une façon terrible.

Pourquoi faut-il que le siège de St-Jean-d'Acre nous retienne si
loin et ne permette pas d'en finir en quelques jours avec les rébel-
lions qui désolent ces belles provinces et que nos ennemis attisent
avec tant de joie.

Devant ACRE, 10 mai.

La poudre commençant à manquer au camp, le général en chef
a prescrit au chef d'escadron Lambert de marcher avec un obusier
et une partie de la garnison de Caïffa, sur Tantoura, où croisait
une frégate anglaise, et d'enlever aux environs toute la poudre
qu'il pourrait trouver chez les particuliers pour l'envoyer à l'armée
de siège.

Le 7 au matin, le général en chef a prescrit au général Junot
qui commande la cavalerie, de s'établir dans une position d'où il
puisse observer l'ennemi et couvrir l'armée en même temps que
les magasins de Tabarieh et de Nazareth. Le soir même nous
nous sommes mis en marche et nous avons bivouaqué sur les
hauteurs, envoyant de fréquentes patrouilles sur la route de Damas,
la journée du 8, s'est passée sans incident, le 9, le chef de brigade
Bron reçut l'ordre de nous faire quitter nos positions de manière
que nous soyons réunis à 3 heures du matin, au pied de la monta-
gne près de l'ambulance. Peu après notre arrivée à ce poste, nous
vîmes passer au galop, les guides à cheval ayant à leur tête le chef

de brigade Bessières qui allait attendre à la tranchée l'arrivée du général Bonaparte.

Dès la pointe du jour une canonnade effroyable commença de part et d'autre et la division Kléber, qui s'est fait à Mont Thabor une renommée immortelle, s'est préparée à donner l'assaut. La division Bon se forma en soutien. En même temps la division Reynier, 9e et 85e de bataille, fondaient baïonnette croisée sur les Turcs qui cherchaient à déboucher d'une de leur place d'armes. Le chef de brigade Viala, de la 85e et le citoyen Tarayre, commandant de la compagnie des éclaireurs refoulèrent l'ennemi et entrèrent pêle-mêle avec lui dans la place pendant que Langlois de la 9e et l'adjudant sous-officier Bence y pénétraient d'un autre côté entrainant avec eux les braves de la 9e demi-brigade et Bence arracha à un Turc qu'il immola, l'étendard que celui-ci maintenait sur le faîte de la muraille. Stériles efforts ! Le général Rambaud tomba frappé mortellement, les adjoints Fouler et Pinault partagèrent son héroïque trépas, il fallut enfin battre en retraite et St-Jean-d'Acre reste encore au pouvoir de Djezzar. Après tant de succès, notre général se trouve arrêté devant une place de peu d'importance alors que tant de soins réclament sa présence en Egypte où la révolte gagne dans les provinces de Rosette et du Bahiré.

De ce côté, le chef de brigade Lefebvre, s'est porté avec 400 hommes et 4 pièces de canon, contre les révoltés. Il s'est trouvé entouré par plus de 20,000 hommes sur la route de Damanhour, il a tenu sept heures contre eux et leur a infligé une perte de 1,200 hommes, mais il a dû enfin rentrer dans la redoute de Ramanich, après avoir perdu 5 tués et 38 blessés ; cette affaire affaiblira sans doute le prestige du Mahdi, mais la situation n'en devient pas moins fort critique.

CHAPITRE XIV.

Expédition du chef d'escadron Lambert sur Naplouse. — Derniers jours du siège de Saint Jean d'Acre. — Retraite de l'armée. — Destruction des magasins de Jaffa et de Gaza. Entrée triomphale au Caire.

20 Mai.

Le 13, nous avons reçu l'ordre d'aller relever aux moulins d'El-Guaidaneh et de Tanous les postes occupés par la 25ᵉ demi-brigade qui partit à Caïffa pour remplacer la 22ᵉ.

Le chef d'escadron Lambert, aussitôt son arrivée, se mit en route, suivant des instructions qu'il avait reçues, en formant une colonne des 22ᵉ et 25ᵉ demi-brigades éclairées par une cinquantaine d'hommes du régiment des dromadaires, et se porta vivement sur Naplouse qu'il assaillit à l'improviste, les brigands de cette ville qui ont pillé et massacré nos petits détachements, ont chèrement payé leur conduite. Tout a été brûlé et ravagé chez eux, les troupeaux enlevés, les habitants massacrés, leurs grains, toutes leurs provisions mises au pillage. Le général en chef avait donné ordre de leur faire tout le mal possible, cela fut exécuté à la lettre.

L'expédition est rentrée à Caïffa, chargée de butin. Cette répression sévère servira d'exemple à ceux qui massacrent lâchement les soldats français.

Tout semble indiquer que le général en chef a résolu de tenter une action décisive sur St Jean d'Acre ou d'abandonner le siège. Le général Murat a fait rassembler les femmes, les chevaux blessés, les hommes à pied et tout ce qui constitue les embarras de la cavalerie et les a confiés à un chef de brigade qui emporte quatre jours de vivres et doit mettre ce convoi en sûreté à Tantourah.

Le général Junot, qui a pris le commandement de la cavalerie, nous a donné ordre de brûler les moulins sur le Jourdain, de prendre tout ce que nous pourrions dans les magasins de grains établis à Tabarieh et de vendre ou de brûler le reste.

Nous avons ensuite crevé les canons du fort, que nous ne pouvions emporter, faute d'attelage. Tous les gros bagages du corps de

cavalerie ont été évacués sur Caïffa, puis nous avons gagné Nazareth, où nous avons accompli la même besogne de destruction qu'à
Tabarieh. Les habitants qui se croient compromis, par l'amitié
qu'ils nous avaient témoignée et qui craignent la vengeance de
Djezzar, se hâtent d'emballer ce qu'ils ont de plus précieux pour se
retirer en Egypte, sous notre protection. C'est un spectacle qui
attriste les cœurs vraiment sensibles, que de voir ces
malheureux quitter leur pays, les larmes aux yeux, pour fuir la
colère d'un tyran détesté.

Pendant ce temps, nos batteries font rage, mais sur l'ordre du
général en chef, elles ne tirent plus contre les remparts de la ville.
C'est le palais de Djezzar et les monuments d'Acre qui sont devenus l'objectif de nos boulets. Les incendies sont allumés en maints
endroits et le port lui-même est exposé à nos coups.

Les assiégés ont tenté une sortie pour arrêter ce feu, qui ruine
la ville, mais nos troupes de tranchée les ont reconduits la baïonnette dans les reins jusque dans la ville.

Tous les moyens de transport ont été employés pour évacuer les
blessés et les malades. Le contre-amiral Pérée ayant fait récemment deux prises sur un convoi turc avec la frégate qu'il commande, le général Berthier, a songé à les employer, car le général
en chef veut faire partir par mer tout ce qui est humainement possible d'embarquer et l'on n'a pas le temps d'attendre des bateaux
de Damiette.

Le 17 a paru au camp une proclamation du général en chef qui
annonce la levée de siège de St Jean d'Acre. La voici copiée tex-
tuellement.

« L'armée a traversé le désert avec plus de rapidité qu'une armée
« arabe, détruit celle qui allait envahir l'Egypte, pris son général,
« ses équipages, ses bagages, ses outres, les chameaux, les places
« fortes qui défendaient les puits du désert, dispersé au Mont-
« Thabor une nuée d'ennemis, fait périr devant Acre une armée
« turque qui accourait au secours de la ville et qui devait aller
« assiéger Alexandrie, pris ses drapeaux, son artillerie, fait 6,000
« prisonniers, rasé les fortifications de Gaza, Jaffa, Caïffa et Acre.
« Encore quelques jours, elle avait l'espoir de prendre Djezzar

« dans son palais, mais la prise d'Acre ne vaut pas la perte de
« quelques jours, ni les braves qu'elle coûterait. Je ramène l'armée
« en Egypte où la saison des débarquements nous rappelle. Vous
« avez arrêté les efforts de l'Orient, préparez-vous à repousser
« ceux d'une partie de l'Occident. »

Sans doute, il est attristant de laisser échapper une conquête
pour la possession de laquelle l'armée a fait de si nombreux sacri-
fices, mais tout le monde s'accorde à reconnaître que la retraite
devient nécessaire. Les cadavres qui couvrent les glacis et les
fossés de la place sont devenus un foyer d'infection et Djezzar s'est
refusé obstinément à nous les laisser enterrer, en accordant un
armistice ; la peste fait les ravages les plus épouvantables à Acre,
et ne tarderait pas à décimer nos divisions déjà si éprouvées par le
feu et la maladie ; enfin la situation de l'Egypte exige le prompt
retour du général en chef avec les forces nécessaires pour réprimer
les insurrections qui s'y aggravent par l'impunité.

Le 18, un convoi de mille blessés est parti pour Gaza sous l'escorte d'un bataillon de la 13e demi brigade. On a utilisé, pour le
transport de ceux qui ne peuvent marcher, tous les chameaux disponibles et les chevaux un peu éclopés qui ne pourraient en ce
moment faire le service de la cavalerie.

L'artillerie a dû crever un partie de ses pièces de siège qu'elle a
abandonnées sur le rivage après en avoir détruit les affûts. Naguère nous avions salué avec joie l'arrivée de ces mêmes pièces,
lorsque l'amiral Pérée, trompant les croisières anglaises, les dé-
barqua sur le port de Jaffa où la *Junon*, la *Courageuse* et l'*Alceste*
les avaient transportées. Mais aujourd'hui l'humanité commande
d'employer les attelages qui les avaient traînées sous les murs
d'Acre, au transport des blessés et l'ennemi ne pourra s'énorgueil-
lir des stériles trophées qu'il trouvera sur les glacis.

Pendant que les canonniers accomplissaient leur triste besogne,
ils aperçurent un grand nombre de sacs que la vague déposait sur
le rivage et lorsqu'ils en eurent recueilli et ouvert quelques-uns,
un horrible spectacle vient frapper leurs regards. Chaque sac
contenait deux infortunés liés ensemble et noyés par ordre du
féroce Djezzar. 400 Chrétiens ont été ainsi immolés sous les yeux

des Anglais par représaille du bombardement que St-Jean d'Acre a supporté pendant deux jours.

Nations qui savez allier avec les droits de la guerre ceux de l'honneur et de l'humanité, si les événements vous eussent forcés d'unir votre pavillon et vos drapeaux à ceux d'un Djezzar, j'en appelle à votre magnanimité, vous n'eussiez point souffert qu'un barbare les souillât de pareilles atrocités, vous l'eussiez contraint à se soumettre aux principes d'honneur et d'humanité que professent tous les peuples civilisés !

Enfin les derniers blessés quittent le camp, le général Lannes est resté avec sa division quoique souffrant encore de la blessure qu'il a reçue le 14.

Les aides de camp Arrighi, Nethervood et Monpatis attachés au général Bonaparte font partie de ce convoi ; il manque le général Bon blessé mortellement à l'assaut du 14 mai.

Le siège est donc levé après soixante jours de tranchée ouverte. Les postes des moulins sont retirés, tous les détachements et les patrouilles rentrent à leurs corps et le 19 à 6 heures du soir nous montons à cheval.

Le général en chef aurait voulu que l'armée se retirât en plein jour, comme dernier défi jeté à Djezzar, mais le trajet que l'on est obligé de faire le long de la côte eut rendu une telle bravade bien périlleuse.

La division Lannes défile donc la première, se dirigeant sur Caïffa ; la division Bon se met ensuite en mouvement avec le parc, et le général Kléber prend position au camp retranché, pendant que Reynier replie doucement ses avant-postes.

A ce moment le général Murat nous fait passer la petite rivière faisant face à Acre et nos postes s'étendent, à 8 heures du soir, jusqu'au moulin de Kerdoué. Cent cavaliers vont s'établir à cinquante pas environ en avant du camp occupé par le général Reynier ; ils ont ordre de suivre la division Kléber qui doit faire l'arrière-garde.

Jusqu'à onze heures du soir nous restons en position, sans que l'ennemi tente de troubler la retraite de l'armée. A ce moment le général Murat, qui juge que la division Kléber a gagné assez de terrain, met sa cavalerie en retraite et donne l'ordre à cent dragons de mettre pied à terre et de protéger le travail des quinze sapeurs du génie chargés de faire sauter les deux petits ponts jetés sur la rivière d'Acre.

L'opération terminée nous remontons à cheval et quittons les derniers le camp de St-Jean d'Acre. Au point du jour nous étions à Caïffa où toute l'armée était arrivée saine et sauve.

LE CAIRE, 13 Juin.

Les magasins de la place furent, comme ceux de Tabarieh et de Nazareth, détruits complètement, afin de ne laisser aucune ressource aux mains de l'ennemi ; et le 21, à une heure du matin, l'armée se mit en route vers Tantourah où nous arrivons à quatre heures. La division Kléber est toujours à l'arrière-garde couverte par nos détachements.

Nous atteignons enfin Jaffa où nous restons cinq jours pour détruire tous les établissements militaires que le général en chef y avait créés ; les bâtiments sont brûlés, les fortifications rasées, les approvisionnements vendus ou détruits, les hommes se chargent de tout ce qu'ils peuvent emporter, jusqu'à de la chandelle et du savon. Un certain nombre d'habitants demandent comme à Nazareth et à Caïffa de gagner l'Egypte sous la protection de l'armée pour fuir la colère de Djezzar.

En deux jours nous atteignons Gazah, où nous prenons un jour de repos avant de parcourir l'horrible désert que nous avons traversé il y a trois mois à peine. La prudence du général en chef a rendu les abords des puits plus praticables. Les sapeurs en ont creusé de nouveaux à Bir-El-Aboud, aux Palmiers et à Salehié où ils en ont découverts quelques-uns. En deux jours nous sommes à El-Arish ; les magasins nous y procurent quelques provisions ; nous y restons une demi-journée ; la route jusqu'à Katieh s'effectue encore en deux étapes, puis Salehié et enfin Belbeis. Là nos privations prirent fin, nous retrouvions en abondance les fruits, la viande, les pastèques dont nous avons été privés ; nos frères d'armes nous accueillent avec des transports de joie, car les bruits perfides nous représentaient comme ne formant plus qu'une misérable poignée d'hommes à demi morts de fatigue et de maladie, en haillons et sans armes.

Le général en chef prescrit qu'à chaque village les musiques des régiments jouent leurs airs les plus joyeux, au milieu des troupes flottent les étendards enlevés aux troupes turques de Rhodes et de Damas. Enfin pour donner à notre entrée au Caire toute la solennité d'un triomphe, le général Bonaparte fait mander le général Dugua, commandant de la province, et lui transmet ses intentions.

Une distribution générale de souliers est faite à l'infanterie, nos selliers sont sur les dents pour remettre les harnachements en état, les cavaliers fourbissent leurs casques et leurs armes, chacun tient à rentrer brillant au Caire.

Enfin le 13 juin nous arrivons aux portes de la ville. Chaque homme de l'armée porte à son casque une branche de palmier en signe de triomphe. Seuls les grenadiers de la 69e demi-brigade marchent la tête basse et sans palme. Le général les a punis de cette manière pour avoir lâché pied et avoir refusé de marcher à une attaque. Le général Dugua à la tête de tous les officiers et employés et des notables habitants de la ville reçoit le général en chef au son des timbales et des tambourins et au milieu des acclamations enthousiastes de la foule.

Les troupes se déploient en ordre de parade, et les spectateurs sont étonnés de voir cette armée sortant du désert et après quatre mois d'une campagne pénible et sanglante, se présenter dans le meilleur ordre et la plus belle tenue.

A ce spectacle succède bientôt un tableau vraiment attendrissant, c'est celui d'amis, de camarades qui se livrent avec enthousiasme au plaisir de se revoir et de s'embrasser. La ville du Caire devient pour les Français une seconde patrie, ils y sont reçus par les habitants comme des compatriotes.

CHAPITRE XV.

Organisation de la cavalerie en deux brigades distinctes. — Rôle de chacune d'elles. — Activité du général en chef pour réparer les pertes causées par l'expédition de Syrie. — Escarmouches avec les rebelles.

Le Caire, 25 Juin.

Après les fêtes qui ont eu lieu pour la rentrée des troupes chacun a repris ses casernements suivant les ordres du général en chef.

La division Kléber avait quitté l'armée à El-Arish pour se rendre à Damiette, les divisions Bon et Reynier viennent au Caire, Lannes occupe le vieux Caire, les dragons retournent à Boulacq et la cavalerie légère au fort de Sulkowsky. Cependant cette organisation ne sera pas définitive car les étapes du désert doivent être gardées avec le plus grand soin et défendues par des forces suffisantes. Or, El-Arish n'a qu'une faible garnison, celle de Katieh et de Salehié ont été fort réduites, enfin Suez qui peut servir de port de débarquement aux Anglais n'est défendu que par la légion maltaise dont le commandant Mac-Sheedy demande à grands cris le licenciement.

Tous les bons officiers ont demandé à quitter ce corps dont les soldats ne se distinguent que par leur lâcheté et leur insubordination, les désertions y sont continuelles et le pillage est passé dans leurs habitudes.

Ces renseignements nous ont été donnés par un officier de la légion qui a obtenu de passer comme capitaine à la suite du régiment, c'est un ancien chevalier de Malte nommé Dulac qui a pris du service dans le corps expéditionnaire lors de son passage. En même temps que lui nous avons reçu comme chef d'escadron le citoyen Loyer, capitaine à l'Etat-major du général Kléber. Cet officier s'est distingué d'une manière toute particulière au siège de St-Jean-d'Acre et a été blessé d'un coup de feu à l'assaut qui fut donné par la division Kléber en tête de laquelle il marchait.

Il y a eu du reste plusieurs promotions dans la cavalerie de l'armée pour combler les vides qui y ont été faits par le feu et la maladie, tant dans la Syrie que dans la Haute-Egypte.

La brigade Davoust, a beaucoup souffert dans cette dernière région, elle a perdu deux chefs de brigade, le citoyen Duplessis du 7e hussards et Pinon du 15e dragons, qui ont été tués à la tête de leurs régiments ; nous pensions que le chef d'escadron Le Caire, remplacerait le citoyen Duplessis, car il est très aimé des hussards pour sa bravoure et son infatigable activité, mais le général en chef a voulu récompenser les brillants services du chef de brigade Destrées, en lui donnant le commandement du 7e hussards.

Le chef d'escadron Barthélemy, remplace le chef de brigade Pinon, du 15e dragons et quitte le commandement des guides à cheval, pour aller prendre son commandement dans la Haute-Egypte.

Les guides sont réorganisés de manière qu'il y ait deux compagnies à cheval, deux à pied et une d'artillerie, en faisant compléter par des guides à pied les compagnies à cheval et remplaçant ce qui manquera dans les compagnies à pied par des hommes choisis avec le plus grand soin dans les régiments d'infanterie parmi ceux qui ont la meilleure tenue et sont réputés pour leur bravoure.

Ce travail de réorganisation que le général en chef a entrepris s'étend à tous les corps de l'armée.

Maintenant la cavalerie forme deux brigades distinctes correspondant directement avec l'Etat-major général.

La première dite de la Basse-Egypte, sous Murat, comprend les 7e hussards, 3e et 14e dragons qui sont casernés à Boulacq ;

La seconde, de la Haute-Egypte, aux ordres de Davoust, se compose du 22e de chasseurs, des 15e et 20e dragons.

Le 18e est affecté spécialement à la division Kléber.

Il n'y a plus de général de division commandant la cavalerie, mais le général Dugua en a été nommé inspecteur général.

L'adjudant général Roize est chargé des détails de la cavalerie et demeure au Caire.

Dès notre arrivée les généraux de brigade ont passé une revue minutieuse des régiments pour en fournir une situation exacte au général en chef et lui présenter leurs besoins.

L'expérience des campagnes de Syrie et de Haute-Égypte a montré combien la tenue des dragons était peu appropriée aux marches sous un climat aussi chaud, alors que beaucoup sont démontés et obligés de faire l'étape à pied à travers les sables brûlants. Nos selles sont également beaucoup trop lourdes pour le plus grand nombre des chevaux que nous recevons.

Le général en chef a décidé que dorénavant les dragons auraient la selle, la botte et le pantalon à la hussarde. On étudie même une selle à la mameluck, plus légère, mieux faite pour les chevaux égyptiens et que les ouvriers du pays confectionneraient à un prix moindre que celui de nos selles actuelles qui est de 93 livres.

Beaucoup d'armes ont été perdues pendant la campagne de Syrie, les blessés qui étaient évacués sur Caïffa les abandonnaient et des soldats indignes les vendaient aux Turcs. Toute la surveillance qui fut apportée à empêcher ce honteux trafic, fut impuissante à l'arrêter complètement et il manque cinquante ou soixante sabres ou fusils par régiment.

Les ouvriers turcs fabriquent bien les lames de sabres mais ils les trempent mal, il faudrait qu'ils soient dirigés par un ouvrier français. Quant aux fusils, ceux qui ont été pris, ne sont pour la plupart pas de calibre ; mais le citoyen Comté, commandant des aérostiers, a offert d'établir un atelier pour la réparation et la fabrication des armes en même temps qu'une poudrerie. Seulement il réclame des fonds et je crois que c'est ce qui manque le plus car les impôts rentrent fort mal par suite de la mauvaise récolte et des insurrections qui ont eu lieu.

Celle de Damanhour a été réprimée d'une manière sanglante. Après la retraite du chef de brigade Lefebvre sur Ramanich, le Mahdi s'est cru maître du pays. Mais les troupes que les généraux Fugières et Lanusse ont fait converger contre lui, ont permis au citoyen Lefebvre de reprendre l'offensive, les mamelucks et les fellahs ont été massacrés, le Mahdi blessé s'est enfui à grand'peine dans le désert avec une poignée d'hommes, la colonne s'est portée ensuite sur Damanhour dont tout le bétail a été enlevé, les grains dispersés ou brûlés, les femmes, les enfants emmenés, et les hommes passés au fil de l'épée. L'incendie a été ensuite mis en plusieurs endroits de la ville qui n'est plus aujourd'hui qu'un amas de cendres.

Des détachements à pied du 20e Dragons ont été fournis au général Rampon, pour hâter la rentrée des impôts de la province du Caire, et le général Davoust est parti avec un escadron de cavalerie pour Eléphantine, avec ordre de surprendre et de disperser les arabes Bilis, auxquels le général Murat avait déjà infligé une sanglante leçon dans la marche de Saléhié sur le Caire.

La réorganisation de l'armée se poursuit activement pour l'infanterie. Chaque bataillon ne sera plus qu'à cinq compagnies dont une de grenadiers, qui seront choisis avec soin ; l'expérience de la 69e, à Saint-Jean d'Acre, ayant montré que l'on admet souvent des hommes qui n'en sont pas dignes. Les bons résultats obtenus par la formation des compagnies d'éclaireurs, à la fin du siège, ont fait maintenir cette organisation, mais elle ne doit être prise que pour la campagne et les hommes continuent à compter dans leurs compagnies.

Chaque bataillon reçoit une pièce de 3 légère, attelée à quatre chevaux ou mulets, et approvisionnée à 130 coups à balles et 130 coups à boulets. Pour les petites colonnes, cette mesure est excellente et tient les Arabes en respect.

Depuis notre retour, l'entassement de la cavalerie à Boulacq et l'affluence des femmes publiques, qui infestent les soldats, ont causé de nombreuses maladies.

La surveillance est vaine, et il faudrait pour entraver le mal, prendre le procédé turc, et enfermer ces femmes dans des sacs pour les jeter au Nil ; une telle mesure répugnait trop à des Français. Cependant l'augmentation des maladies a ému le général Bonaparte qui a envoyé à Boulacq le chirurgien en chef Larrey pour y faire une enquête. Il a été reconnu que les hommes sont beaucoup trop serrés dans les chambres où ils manquent d'air. A cet inconvénient vient se joindre la puanteur qui se dégage des latrines qui donnent sur chaque chambrée et ne tarderaient pas à amener la peste dans la caserne de l'Okel des Riz.

Le citoyen Larrey a demandé qu'un seul régiment continuât à occuper cette caserne, les autres seront envoyés au Caire ou au

fort Sulkowski. Les latrines seront murées et de nouvelles cons-
truites à l'extérieur. Enfin tous les bâtiments vont être réparés et
blanchis à l'eau de chaux. Par suite de ces dispositions, nous restons seuls à Boulacq ; le 7e hussards va occuper le fort et le 3e
dragons se rend au Caire où il casernera 300 chevaux à la citadelle, la seule question qui empêchait de prendre cette mesure
était de savoir si les chevaux boiront l'eau du puits Joseph qui est
le seul de la citadelle.

Tous les détachements du 22e chasseurs, du 15e et du 20e dragons s'embarquent avec le général Davoust pour la Haute-Egypte.
Le chef de brigade Boussard, du 20e dragons, a mis tant d'activité
à la levée des chevaux qu'il part avec un régiment entièrement
remonté. D'un autre côté, les détachements du 7e hussards, des 3e
et 14e dragons qui se trouvaient avec le chef de brigade Destrées,
le général Zayoncheck, vers Miniet ou Beni-Souef, rejoignent
leurs régiments. De sorte que les corps se trouvent réunis, ce qui est
bien préférable pour l'administration, la discipline et l'instruction
des troupes. Le chef d'escadron Jollivet, du régiment, est nommé
commandant la place de Boulacq, il aura fort à faire pour y ramener les bonnes mœurs.

BOULACQ, 11 juillet.

Le 29 juin, le général Murat reçut l'ordre de prendre avec lui
300 dragons montés, les trois compagnies de grenadiers de la 69e
de bataille et deux canons et de se rendre à Bourshack où il devait
trouver la tribu des Hamadis qui a promis de marcher avec nous.

Aussitôt prévenus, nous sommes montés à cheval et la petite
colonne s'est portée au point indiqué où nous avons trouvé les
Hamadis armés en guerre. Le général a été prévenu de se méfier
de leur fidélité, cependant ils manifestent une grande horreur pour
les insurgés et nous ont témoigné beaucoup d'amitié. Après un
repos d'une heure qui nous a permis de nous rafraîchir un peu,
nous avons repris notre route, les Arabes faisaient l'avant-garde
et nous n'avons pas tardé à apercevoir du côté de Koum-Shertif les
tentes des Mamelucks qui ne s'attendaient guère à notre arrivée.

Les Hamadis les ont entourés au galop en tirant et poussant de grands cris mais sans trop les approcher. Aussitôt le général Murat nous prescrivit de nous porter au grand trot en soutien de ces auxiliaires pendant que l'artillerie battait le Santon où Selim-Kachef s'était retranché et que les grenadiers de la 69ᵉ se portaient à l'attaque au pas de charge.

Nos dragons arrivèrent si promptement au Santon qu'aucun ennemi n'eut le temps de fuir. Aussitôt nous mettons pied à terre, et baïonnette au canon nous montons à l'assaut, une partie des Hamadis grimpa avec nous montrant beaucoup de bravoure.

Quand les grenadiers arrivèrent, l'affaire était terminée ; les Mamelucks étaient tous tués ou prisonniers et Sélim-Kachef vaincu remettait son sabre entre les mains du général Murat.

Cette petite expédition nous a permis d'apprécier le caractère de nos nouveaux alliés qui pourraient être de précieux auxiliaires dans un pays où nous nous épuisons en luttes continuelles sans recevoir jamais un renfort, ils ont été très fiers de se battre à côté de nous et ils s'appellent eux-mêmes les « Bédouins Français ».

Le soir même nous sommes revenus vers le général Destaing qui tient toujours la campagne avec l'escadron du 15ᵉ dragons et un peu d'infanterie ; ses troupes sont harassées, mais les nombreuses colonnes qui ont sillonné le pays depuis quelque temps y ont ramené le calme, et l'insurrection peut être aujourd'hui considérée comme étouffée dans le Delta et la Basse-Egypte.

A notre retour à Boulacq nous avons rencontré un détachement qui revenait de marcher avec le chef d'escadron Cavalier et les dromadaires pour enlever des Mamelucks établis à Gizeh, leur expédition a également bien réussi.

Les détachements du 22ᵉ chasseurs, du 18ᵉ et 20ᵉ dragons sont partis le 5 juillet avec le général Rampon pour aller en remonte à Alfiély. Comme ce pays est plus riche en chevaux que la Basse-Egypte, il a été envoyé avec eux 20 hommes du 14ᵉ et un officier qui doivent recevoir des chevaux et rentrer à Boulacq. Il nous est venu de Mit-Khamar un détachement de 35 chevaux qui semblent bien choisis, mais la fatigue est si grande que toute la cavalerie dépérit ; aussi le général en chef a dû prescrire de porter à trois quarts de boisseau la ration d'orge qui était d'un demi-boisseau.

CHAPITRE XVI.

Combat de Radésié et de Bir-Embar. — Mort du chef de brigade Duplessis. - Combat de Benchadi et mort du chef de brigade Pinon. — Poursuite des Mamelucks sur le Caire. — Prise de Cosseïr.

BOULACQ, 12 Juillet.

Un des dragons qui viennent de rentrer de Miniet au Caire, m'a apporté un paquet volumineux que m'envoie mon camarade et ami Dard, resté encore pour quelque temps en remonte dans le Saïd.

La lecture de ces pages m'a montré que la cavalerie de la Haute-Egypte, a su rester à la hauteur de la renommée qu'elle s'était acquise dans les premiers combats et justifier les flatteuses prévisions du général en chef.

La fuite précipitée de Mourad au-delà des premières cataractes avait semblé mettre un terme aux combats dont la Haute-Egypte était le théâtre ; le général Desaix assigna des cantonnements à la cavalerie vers la fin de janvier, la chargea de couvrir les opérations de la levée du miri et d'éloigner les Mamelucks du Nil.

Le chef de brigade Duplessis s'établit à Keneh, avec le 7e hussards et le 18e dragons, le 14e et le 20e dragons cantonnèrent à Kous, enfin le 22e chasseurs et le 15e dragons occupèrent Selameh vis-à-vis de Arnout.

Ces premières opérations ne se firent pas facilement, les paysans disputèrent l'entrée de Keneh au chef de brigade Duplessis, et laissèrent bon nombre des leurs sur le terrain le 9 février.

Quelques jours plus tard un nouvel engagement avait lieu à Samatha.

Cependant le général Desaix fut informé qu'Osman-Bey, se trouvait entre Esneh et Assouan, avec 200 Mamelucks. Il prescrivit aussitôt au général Davoust, de se porter dans cette direction avec le 22e de chasseurs et le 15e dragons forts d'environ 200 hommes et d'en finir avec Osman. Le 11, les deux troupes se trouvèrent en présence à Radésie. Les Français attendirent de pied ferme la charge des Mamelucks qu'ils accueillirent par un feu des plus vifs, mais ils avaient trop tardé à l'exécuter et les dragons qui formaient la droite de la ligne, purent à peine mettre le sabre à la main. Le chef de brigade Lassalle du 22e chasseurs, s'aperçut que tout l'effort de l'ennemi se portait sur les dragons et il fit faire un mouvement à droite à ses chasseurs pour prendre les Mamelucks en flanc. Cette charge eut produit sans doute un effet décisif si Lassalle qui marchait à la tête du 22e n'eut rompu son sabre près de la garde sur un ennemi qu'il attaquait.

Il eut le bonheur de pouvoir se retirer sans être blessé et reprit une nouvelle arme, mais son mouvement arrêta l'élan des chasseurs et la mêlée devint générale. Le vent avait soulevé une épaisse poussière qui dès le début de l'action avait empêché les dragons de tirer à temps et mettait maintenant une grande confusion parmi les combattants. Le chef d'escadron Fontête, du 15e dragons, poussait ferme au plus fort de la mêlée et venait de tuer un Mameluck de sa main, lorsque Osman-Bey l'attaque et d'un coup de sabre l'étendit raide mort.

Le citoyen Neuville, capitaine au 22e chasseurs, et Prantoit, sous-lieutenant au 15e dragons, se distinguèrent par leur audace et la vigueur de leurs coups. Montélégier, aide-de-camp de Davoust, atteint déjà de deux coups de sabre, roula à terre avec son cheval qui venait d'être tué. Il saisit un cheval abandonné, sauta dessus et se jeta de nouveau au fort de la mêlée. Enfin tout cède et fuit devant nos cavaliers, Davoust rallie les siens et se met à la poursuite des Mamelucks que la rapidité de leur fuite dérobe bientôt à ses coups. Cet engagement de cavalerie dura trois quarts d'heure et jamais on ne vit de part et d'autre un semblable acharnement.

Les pertes de notre côté furent très sensibles, le 15e dragons eut 4 officiers de tués et 3 de blessés et le 22e chasseurs, 2 officiers tués et un blessé. Le 15e dragons perdit en outre 20 tués et 28 blessés et le 22e chasseurs 11 tués et 12 blessés.

Les pertes des Mamelucks furent à peu près égales, ils laissèrent 35 tués sur le terrain et eurent une cinquantaine de blessés.

Pour honorer le brave Fontête tué à la tête de son escadron, le général en chef prescrivit que son nom serait donné à l'un des forts de la Haute-Egypte.

Après ce sanglant engagement la cavalerie continua sa marche de Esneh sur Keneh redescendant le cours du Nil à la poursuite de l'ennemi.

Sur sa route elle rencontra les ruines admirables de Thébes dont les proportions colossales frappèrent les imaginations les moins enthousiastes.

Ce fut d'abord un temple très ancien et à moitié ruiné mais dont les vestiges donnaient une idée exacte des proportions, puis une colonnade qui devait marquer une avenue et dont les fûts à moitié brisés, jonchaient la terre de leurs précieux débris. Une statue colossale de granit rouge que l'on s'accorda à croire la représentation d'Osmandrié ne mesurait pas moins de 5 pieds quatre pouces comme diamètre du bras. Deux autres statues de 45 pieds de hauteur, marquaient l'entrée d'un temple dont on n'apercevait plus que le riche portique. Les restes de magnifiques palais ornés de curieuses peintures complétaient le tableau formé par les ruines dont les regards les plus ignorants pouvaient à grand peine se détacher.

Mourad tenta alors de rebrousser chemin et de reprendre la route du désert de Nubie, mais il vient se heurter contre l'aide-de-camp de Desaix, le citoyen Clément, qui, à la tête de 200 cavaliers le refoula près des ruines de Thébes et continua à le chasser devant lui, bien qu'il eut encore 600 Mamelucks.

Le 10 mars, le général Belliard livra un combat acharné près de Benouf. A la tête de la 21e légère, il reçut le choc de 3.000 Arabes d'Yambo, dont 2.000 n'avaient jamais vu les Français, étant récemment débarqués à Cosseir. Ils venaient avec une audace étonnante décharger leurs pistolets à bout portant sur les tirailleurs, parce qu'on leur avait annoncé que les armes allaient, à leur seule vue, tomber des mains de leurs ennemis. Ils furent bientôt détrompés, mais le combat dura deux jours et Belliard perdit 33 tués et 100 blessés.

Il n'avait plus de cartouches ni de munitions d'artillerie lorsque les Arabes abandonnèrent enfin le champ de bataille jonché de leurs morts.

Desaix établit alors à Syout le chef de brigade Pinon avec le 7e hussards, les 18e et 20e dragons et prenant une partie des troupes en forma une colonne mobile avec laquelle il entreprit de traquer Hassan et de le détruire vers Kuita. Dans cette poursuite il emmena avec lui le 7e hussards et le 18e dragons, sous les ordres de Duplessis, chef de brigade.

Le 2 avril, l'avant-garde découvrit vers 8 heures du matin un parti de 400 chevaux environ qui marchaient sur Bir-Embar. Desaix prescrivit au citoyen Duplessis de s'établir avec sa cavalerie sur une sorte de monticule sablonneux où il devait attendre le choc de l'ennemi et le renverser à coup sûr.

Comme il se portait de sa personne à la reconnaissance, il fut enveloppé un moment avec les 40 chevaux qui l'escortaient. A cette vue les hussards ne purent contenir leur ardeur et fondirent le sabre haut sur l'ennemi pour dégager le général. Cette échauffourée ne dura pas plus de dix minutes et fut uniquement due à l'extravagante bravoure des hussards. Leur chef, Duplessis, en combattant à leur tête reçut un coup de tromblon qui le tua sur l'instant.

Cependant les dragons du 18e qui étaient en seconde ligne se portèrent promptement au secours et arrêtèrent net les progrès des Mamelucks. Ils eurent le malheur de perdre le chef d'escadron Beauvatier qui fut atteint mortellement dans cette charge. L'adjudant général Rabasse rallia alors la cavalerie et repoussa toutes les attaques. Hassan fut blessé au bras et Osman reçut une balle qui lui traversa la main. Ce combat avait coûté 24 tués et 20 blessés à notre cavalerie.

Cependant les aggressions devenaient de plus en plus audacieuses. Morand fut assailli par trois mille Yambo, Mamelucks ou paysans près de Girgeh. Il n'avait avec lui que 250 hommes qui infligèrent à l'ennemi une perte de 150 tués. Ils perdirent eux-mêmes 6 tués et 11 blessés et purent gagner Girgeh dont la fidélité à notre cause demeura inébranlable.

Deux jours après, Lassalle en se portant de Tatha sur Tesneh infligea une perte de cent hommes aux Yambo qui se réunissaient au-dessous de Syout et soulevaient le pays.

Mourad après lequel la poursuite s'était trouvée ralentie, profita de ce moment de répit pour rassembler 1,500 chevaux avec lesquels il battit de nouveau le pays. Desaix forma une colonne composée de 500 hommes de la 61e et 88e demi-brigade et de 250 chevaux tirés du 7e hussards, des 14e et 15e dragons qui partirent de Syout le 18 avril sous le commandement du chef de brigade Pinon.

Davoust devait avec cette colonne descendre vers le Caire à la suite des Mamelucks et des Mecquains et se concerter avec le chef de brigade Destrées et le général Zayonchek. Dans sa marche, comme il s'approchait du village de Bénéhadi qui avait accepté le passage des Français une première fois, il apprit que les intrigues de Mourad avaient décidé les gens de Bénéhadi à barrer la route à la colonne et qu'ils avaient déjà comme première hostilité pillé la djerme la *Vénitienne*. Bientôt on aperçut 100 ou 130 chevaux qui descendaient du désert vers le village ; l'adjudant général Rabasse se porte aussitôt à leur rencontre avec le 7e de hussards, mais chevaux et chameaux firent demi-tour à son approche sans que l'on put savoir à qui l'on avait eu affaire. A mesure que l'on approchait du village, l'hostilité des paysans ne pouvait être mise en doute et le chef de brigade Pinon fut chargé avec son régiment, le 14e de Dragons et 160 hommes d'infanterie de se porter sur un petit bois que l'ennemi occupait et de s'en emparer,

Ce brave chef exécuta son mouvement avec rapidité et poursuivit l'ennemi jusqu'aux premiers jardins du village. Mais tous les enclos et les maisons avaient été crénelés et il en sortit une vive mousqueterie. Le chef de brigade Pinon, atteint d'une balle, tomba roide mort à cet instant. L'attaque n'en devint que plus furieuse, pendant que les paysans opposaient de maison en maison une opiniâtre résistance. Chaque habitation devenait une forteresse qu'il fallait enlever à la baïonnette.

Une heure avant la nuit tout était en notre pouvoir : 2,000 fanatiques furent massacrés et le village livré au pillage. Cette affaire, outre le chef de brigade Pinon, nous coûte 8 tués et 30 blessés.

Le butin qui fut conquis dans Bénéhadi fut immense, il provenait de toutes les richesses des caravanes d'Afrique et certains dragons eurent jusqu'à 1,500 ou 2,000 livres en or.

Ce village n'avait jamais reconnu l'autorité des Mamelucks et ceux-ci, connaissant la férocité et le courage indomptable des gens de Bénéhadi, n'avaient point cherché à les contraindre par la force. Ainsi, ce que les Beys n'avaient pu faire pendant toute leur domination, une poignée de Français l'accomplit en une seule journée. Les blessés furent renvoyés à Syout où les ambulances avaient été établies. Le lendemain un rassemblement de Mamelucks et de Mecquains qui s'était formé à Gheldy, huit lieues plus bas, devait se porter sur Bénéhadi qu'ils savaient avoir cédé aux suggestions de Mourad. Toutefois quand ils eurent appris l'issue de l'affaire ils renoncèrent à leur projet et se jetèrent sur Minhiet, qu'ils savaient faiblement défendu. Le chef de brigade Destrées alla en reconnaissance au-devant d'eux, mais, trop faible pour tenir en rase campagne, il dut se replier sur la redoute où il opposa aux attaques une imperturbable résistance. Déjà ses munitions s'épuisaient, lorsque parurent sur les derrières de l'ennemi les shakos des hussards et les casques de nos dragons. C'était la colonne de Davoust qui, partie le 18 de Syout, avait dompté Bénéhadi, désarmé les gens de Gheldy, et qui accourait à l'aide de Destrées. Jamais secours ne fut plus opportun; pris entre deux feux, les Mamelucks lâchèrent pied et se retirèrent en désordre sur Beni-Suef; ce dernier combat coûta 7 à 8 tués et 50 blessés.

Davoust laissa à Destrées le 7e hussards et des cartouches ; puis il se remit avec le reste de sa colonne à la poursuite de Mourad.

Ces marches avaient été fort dures pour les troupes qui les avaient exécutées, à cause de la pénurie où elles étaient des choses les plus nécessaires. Les soldats de la 88e n'avaient plus de coiffure et le chef de brigade Silly réclamait avec instance des casques que tous les autres corps avaient touchés tandis que ses hommes en étaient réduits à s'envelopper la tête de linges pour s'abriter. La chaussure était dans un état déplorable ainsi que tous les effets d'habillement, car on couchait toujours au bivouac, et le chef de brigade d'artillerie La Tournerie demandant qu'on lui envoie une tente du Caire, écrivait qu'il n'avait pas couché à couvert depuis près d'une année.

Les munitions de l'artillerie diminuaient aussi rapidement et l'on essaya à Esneh et à Keneh de fabriquer des boulets de granit qui réussirent mal on employa alors le marbre qui donna de meilleurs résultats.

Après le sanglant combat d'Abou-Girgeh, où 2,000 paysans furent passés au fil de l'épée et qui ne nous coûta que 8 blessés, le général Dugua appela à lui la colonne de Davoust, pour dissiper aux portes du Caire, un rassemblement formé par Elfy-Bey. Depuis ce moment le commandement de la cavalerie dans la Haute-Egypte demeura entre les mains de Lassalle, qui vivait en fort médiocre intelligence avec le général Davoust.

Il ne restait pour sanctionner l'occupation de ces belles provinces qu'à s'emparer de Cosseïr, port très fréquenté de la mer Rouge. Ce fut au général Belliard que Desaix confia cette honorable mission elle éprouva plusieurs retards par suite de la difficulté d'approvisionner la colonne pour une marche aussi longue à travers des pays soulevés. La population fut loin de se montrer hostile et l'occupation se fit sans résistance. Belliard mit aussitôt tous ses soins à fortifier une position si importante contre laquelle les Anglais tournèrent en vain leurs efforts.

Tel fut le résumé des opérations accomplies par nos frères d'armes dans la Haute-Egypte, pendant que nous combattions en Syrie. Le général Bonaparte, dans l'ordre du jour du 15 juin, félicita de leur belle conduite, les 88e et 61e demi-brigades ainsi que le 15e de dragons et offrit des sabres magnifiques aux généraux Desaix, Belliard et Friant.

CHAPITRE XVII.

Lutte acharnée contre les derniers Mamelucks. — Apparition de la flotte Turque. — Bonaparte marche à l'ennemi. — Bataille d'Aboukir. — Mort du chef de brigade Duvivier. Le chef de brigade Lambert prend le commandement du 14ᵉ de dragons.

BOULACQ, 14 Juillet.

L'insaisissable Mourad continue à causer des mouvements d'insurrection qui s'étendent jusqu'au Delta. Le 12, l'adjudant général Lagrange est parti avec 200 des meilleurs marcheurs de l'infanterie et deux escadrons de cavalerie commandés par les citoyens Fiteau et Blaniac sous le chef de brigade Duvivier pour lui couper la route de Gizeh, et le général en chef a prescrit de hâter la livraison des selles du 3ᵉ et du 14ᵉ dragons afin que tous les hommes montés des deux régiments soient en mesure de prendre part à la poursuite. Le général Friant qui traque sans relâche Mourad depuis trois mois est descendu jusqu'aux portes du Caire.

Les querelles sanglantes qui viennent de s'élever entre Osman et Hassan nous servirent plus que toutes les mesures prises jusqu'ici. Les dissentiments de nos ennemis assurent leur prompte extermination.

Le général Marmont signale l'apparition d'une flotte Turque qu'il évalue à 90 ou 100 voiles. Elle est venue mouiller devant Aboukir et l'adjudant général Jullien qui dispose de forces insuffisantes a jeté dans le fort de Rosette les effets et les munitions dont l'ennemi aurait pu s'emparer. Le général en chef a ordonné aussitôt le départ de la 1ʳᵉ compagnie d'artillerie de la marine qui est venu s'embarquer à Boulacq, à bord de deux demi-galères, de la chaloupe canonnière la *Victoire* et de la djerme la *Boulonnaise*.

Le général Bonaparte s'est rendu lui-même aux Pyramides de Gizeh où il doit camper quelques jours avec les citoyens Monge, Berthollet et Nouet, il n'a emmené avec lui que deux compagnies de guides et une compagnie de dromadaires.

Nous continuons avec le général Murat la chasse aux Mamelucks de Mourad dans le Bahireh et jusqu'à dans le Delta avec les dromadaires et les grenadiers de la 69e. Voilà près de quinze jours que nous ne prenons pas une minute de repos. Le général Junot opère de son côté et le général Menou a pris position aux monastères du lac Natron dans le même but ; mais il n'a guère avec lui que des compagnies grecques qui font de détestables troupes.

Aboukir, 29 Juillet.

Le 15, les nouvelles devinrent plus mauvaises, et le général Berthier transmit à notre colonne l'ordre de cesser la poursuite et de rejoindre le général en chef à Embabeh.

Notre bivouac se composait du 7e hussards, des 3e, 14e et 15e dragons, une djerme chargée de munitions nous fit distribution de cartouches qu'envoyait le général Dupas. Cela devenait bien nécessaire, car les gibernes étaient presque vides. Chaque dragon reçut 50 cartouches et 3 pierres à feu.

A Embabeh, nous apprîmes que les Turcs avaient débarqué en force à Aboukir et commencé l'investissement du fort. On estime qu'avec sa garnison de 300 hommes et des munitions en abondance, il peut résister pendant plusieurs jours.

Le 18e dragons qui était resté à Boulacq a reçu l'ordre, le 17, de venir nous rejoindre à Ouardan avec tout ce qu'il a de disponible. Le chef d'escadron Lambert, en rejoignant le quartier général avec 23 guides, est tombé sur un parti de 40 Mecquains bien armés de sabres à deux tranchants, qui ont accepté le combat, il en a tué 25 ou 30 et mis le reste en déroute ; dans cette affaire il a eu quelques blessés et lui-même a reçu un coup de sabre à la tête.

Le 17, nous partîmes de Ouardan, à quatre heures du matin, pour arriver à Terraneh vers midi. Quelques détachements ont rejoint dans la soirée et le lendemain, toute la cavalerie était à cheval à trois heures et demie avec le général Murat, pour suivre le général Bonaparte. De Terraneh à Ramanieh, il n'y a pas eu d'inquiétude, mais le général Marmont a envoyé au quartier général des espions à sa solde qui ont déclaré que le fort devait être pris, car ils avaient vu les officiers français se promener au bord de la mer au milieu des Turcs. Ils ont aperçu beaucoup d'infanterie, des janissaires, des Arnautes, des Maugrabins, une nombreuse artillerie, mais à peine cent chevaux ; on dit que le Capitan-Pacha en personne commande cette armée.

Le 18, le quartier général fut porté à Chabour, d'où le général Bonaparte envoya au citoyen Duvivier ordre de faire partir le soir même toute la cavalerie y compris celle qui arrive de la Haute-Egypte, celle qui était aux ordres de Lagrange, et ce que peuvent fournir les dépôts. Il en prendra le commandement et arrivera en toute hâte.

Pendant que le général en chef se portait sur El-Ouah, le 20, nous nous dirigions avec Murat sur Buccindor, avec trois pièces de canon, les grenadiers et un bataillon de la 69e, pour reconnaître les positions d'Aboukir et avertir le général Marmont de l'approche de l'armée.

Un espion, déguisé en marchand de concombres, est venu nous donner de nouveaux renseignements. Outre les bâtiments turcs, il y a un deux-ponts anglais et un navire russe en vue d'Aboukir. Les troupes se composent d'Arnautes et de Candiotes, mais il n'y a pas d'Européens chrétiens et, sauf un officier de la marine anglaise, on n'aperçoit sur la plage que des turbans.

Le général Marmont fait bonne garde. Il a attaché autour des murs de la place un grand nombre de chiens qui font les plus vigilantes sentinelles que l'on puisse employer. Les Turcs s'installent sans hâte et n'ont encore tenté rien de sérieux.

Les journées des 22 et 23 se passèrent en reconnaissance vers Birket ; un détachement de 50 dragons et de 50 dromadaires put arriver jusqu'au général Marmont. Enfin le soir nous reçûmes l'ordre de prendre des vivres jusqu'au 28, et de nous porter, à onze heures du soir, aux puits entre Alexandrie et Aboukir. Nous y trouvâmes le chef de brigade Duvivier qui avait amené la cavalerie de Boulacq. Tous les détachements rejoignirent leurs corps, de façon à former autant d'escadrons qu'il y avait de fois 100 hommes par chaque régiment. A une heure du matin, on nous distribua une ration d'eau-de-vie et à deux heures nous prenions l'avant-garde pour aller attaquer l'ennemi.

Le général Murat détacha un escadron du 15e dragons avec les dromadaires et leur donna ordre de surveiller la route d'Alexandrie, le long de la mer et du lac Madieh, et d'assurer les derrières de l'armée, car l'arrivée subite des Mamelucks aurait pu jeter le plus grand trouble et produire un effet moral très dangereux.

Le général Davoust réunit sa cavalerie, put y joindre une compagnie de dromadaires et s'établit à la naissance de la presqu'île, entre le quartier général et Alexandrie, la droite à la mer et la gauche au lac Madieh, pour maintenir les communications avec le général Marmont.

Ces dispositions prises, nous nous portons droit aux lignes de l'ennemi, ayant le général Lannes à notre droite et Lanusse à notre gauche. A chaque aile, un seul tambour bat la charge, d'après l'ordre du général en chef.

La division Kléber, qui n'est pas encore arrivée doit former la réserve.

Le général Destaing commença l'attaque et replia les avant-postes et la première ligne des Turcs ; aussitôt qu'ils furent ébran-lés, le chef de brigade Duvivier nous lança à la charge pour ache-ver leur déroute ; en un instant cette ligne fut sabrée et balayée ; deux mille hommes furent jetés à la mer, mais ce succès nous coûtait cher. Le citoyen Duvivier, frappé mortellement à la tête des escadrons du 14e Dragons, tombait en héros sur le champ de bataille.

Le 7e hussards et un peloton de guides avaient pris part à cette première charge avec les 3e et 14e Dragons. Aussitôt la première ligne rompue, le général Destaing attaqua le village, mais l'ennemi avait établi une redoute avec un large fossé, dont le feu incommo-dait fort notre ligne d'attaque. En vain, l'adjudant général Leturcq, pour entraîner les tirailleurs, se jette seul dans le fossé du retranchement et paie de sa vie son héroïque folie ; en vain Murat entraîne dix fois à la charge nos escadrons contre la gauche de l'ennemi. A chaque attaque nous sabrons tout ce qui résiste, mais après avoir dépassé le fossé, nous sommes écrasés par le feu de la redoute et des chaloupes canonnières embossées à demi-portée de canon. La mitraille qui décime nos rangs, nous force à nous replier et l'ennemi jette de nouveaux soldats sur les cadavres de ceux que nous venons d'immoler.

Le lieutenant Miel reçoit un coup de sabre qui le met hors de combat, Claude frappé d'une balle à l'épaule gauche, est renversé de cheval, à peine à terre il a la cuisse droite traversée d'un coup de sabre. Lagneau tombe sous son cheval et blessé dangereusement se dégage à grand peine. Malines se retire la jambe cassée par une balle.

Les Turcs passent leurs fusils en bandoulière et viennent à nous le cimeterre d'une main, le pistolet de l'autre et nous chargeons sans relâche, nos chevaux ont du sang jusqu'au ventre ; enfin le village est emporté par la 22e légère et la 69e de bataille. Le général Murat rassemblant alors la cavalerie avec cette puissance d'enthousiasme que lui seul possède, nous lance sur la gorge de la redoute, nous franchissons à cheval le fossé sablonneux dont les pentes sont à peine accessibles à nos montures, et devant les fuyards se dresse une infranchissable barrière de sabres. Tout fuit alors dans un désordre affreux, les Turcs tombent par milliers à la mer et s'y noient misérablement. Quatre mille se jettent dans le fort et s'y barricadent ; tout le reste est pris ou tué.

Nous pouvons à juste titre nous enorgueillir de cette victoire qui est due presque uniquement à la cavalerie. Les grenadiers de la 69e y ont racheté leur faute de St-Jean d'Acre. Sur leur demande, ils ont marché seuls à l'attaque du village et de la redoute qu'ils ont enlevés de front. Outre la perte des citoyens Duvivier et Leturcq, l'armée a eu à déplorer celle du chef de brigade Crétin qui avait été en Egypte l'honneur du corps du génie.

Le fort d'Aboukir bloqué par le général Menou et par le général Davoust ne peut tarder à se rendre. Le 25 au soir nous bivouaquons sur le champ de bataille si glorieusement conquis. La mort seule de notre brave et regretté chef de brigade jette une ombre sur la joie qui règne dans nos âmes. Le 27 nous avons eu connaissance de l'ordre du jour relatif à la bataille d'Aboukir. Il restera comme un des plus beaux titres de gloire du 14e dragons.

Le général en chef voulant donner une marque de sa satisfaction à la brigade du général Murat qui s'est couverte de gloire à la bataille d'Aboukir, ordonne au commandant de l'artillerie de remettre à cette brigade les deux pièces de campagne anglaises qui avaient été envoyées par la cour de Londres en présent à Constantinople et qui ont été prises à la bataille.

Sur chaque canon, il sera gravé le nom des trois régiments qui composaient cette brigade : le 7e hussards, les 3e et 14e dragons ainsi que le nom du général Murat et celui de l'adjudant général Roize ; il sera écrit sur la volée : « Bataille d'Aboukir ».

Le général en chef a donné aux forts d'Alexandrie les noms de fort Caffarelly et fort Crétin ; la batterie des bains prend le nom de fort Leturcq et celle des Palmiers fort Duvivier, en souvenir de tels héros.

Parmi les blessés, se trouve le général Fugières qui, atteint d'une balle à la tête, ne voulut point quitter le champ de bataille jusqu'au moment où un boulet lui enleva le bras gauche. Dans une des charges sur le bord du lac Madieh, le général Murat a reçu une balle dans la bouche, ce qui ne l'a point empêché de rester à notre tête jusqu'à la fin de la bataille.

Le 31 nous avons repris la route de Birket et les éclopés ont continué jusqu'à Ramanieh où les renforts s'étaient arrêtés. Partout la nouvelle de la victoire remportée à Aboukir a rempli les habitants d'étonnement et d'admiration. Ils savaient que l'armée du Capitan s'élevait à plus de 15,000 hommes et ils apprennent aujourd'hui qu'elle a été exterminée par 3,000 Français à peine.

Le 2 août le fort a capitulé. Les prisonniers qui y ont été faits sont dans un état pitoyable. Ils sont à moitié morts de faim et beaucoup se sont étouffés avec les premiers aliments qui leur ont été présentés. D'autres ont contracté des maladies par la grande quantité d'eau de mer qu'ils ont absorbée. Leur funeste obstination est cause de leur perte. Le Kiaya, l'Effendi et le fils du Pacha sont au nombre des prisonniers qui sont dirigés sur la citadelle du Caire et le grand drapeau du Grand Seigneur est tombé entre nos

-mains ainsi qu'un nombre immense de fusils, de pistolets et de balles.

Le chef d'escadron Lambert des guides remplace le chef de brigade Duvivier et c'est sous ses ordres que nous allons recommencer dans le Bahiré les interminables poursuites dirigées contre Mourad. Le 15e dragons reste avec le général Davoust à Aboukir jusqu'à ce que la flotte ennemie ait disparu ou se soit réduite à une soixantaine de voiles au plus.

La remonte de l'armée commence à nous arriver ; le chef d'escadron Sainglan a reçu 30 bons chevaux de la Haute-Egypte et le chef de brigade Destrées a ramené 92 hommes montés du 14e dragons, 18 du 20e et 52 du 7e hussards avec 88 autres chevaux de remonte, mais il y en a beaucoup de petits et quelques-uns sont déjà tarés.

A la revue que le général Dugua a passé il y avait 144 chevaux prêts à marcher et 152 qui n'étaient pas encore harnachés, mais les selliers travaillent avec la plus grande activité. Il estime que nous aurons ainsi près de 400 hommes de plus pour les expéditions et les détachements, mais beaucoup d'entre eux ne sont pas armés, aussi réclamons-nous les fusils qui sont à Suez et ne servent à rien, pour en armer les dragons qui en manquent.

RAMANIEH, 4 août

La proclamation suivante a été répandue dans toutes les provinces avec la traduction en Arabe.

« Le nom d'Aboukir était funeste à tout Français, la journée du 7 thermidor l'a rendu glorieux. La victoire que l'armée vient de remporter accélère son retour en Europe. Nous avons conquis Mayence et la limite du Rhin en envahissant une partie de l'Allemagne, nous venons de reconquérir aujourd'hui nos établissements aux Indes et ceux de nos alliées. Par une seule opération nous avons remis dans la main du gouvernement le pouvoir d'obliger l'Angleterre, malgré ses triomphes maritimes à une paix glorieuse pour la République. Nous avons beaucoup souffert, nous avons eu à combattre des ennemis de toute espèce, nous en aurons encore à vaincre, mais enfin le résultat sera digne de nous et nous méritera la reconnaissance de la patrie ».

CHAPITRE XVIII.

Surprise de Mourad à Samanhout. — Départ de Bonaparte pour la France. — Kléber prend le commandement de l'armée. — Situation générale du pays. — Réformes prononcées par Kléber. — Reprise des hostilités dans la Haute-Egypte. — Le grand Vizir se prépare à envahir l'Egypte. — Fête de l'anniversaire de la République.

BOULACQ, 10 août.

A son retour au Caire, le Général en chef a pris des mesures pour renouveler l'habillement de toutes les troupes. Comme il a été reconnu qu'il est impossible de se procurer du drap bleu en quantité suffisante, le général l'a réservé pour l'artillerie et les sapeurs, la cavalerie sera habillé de drap vert et l'on emploiera le rouge, noir, gris, puce, etc., pour l'infanterie en ayant soin que les couleurs nationales se trouvent sur chaque uniforme.

Les dragons conservent le gilet de basin rayé avec l'habit et le pantalon de drap, le dolman, le gilet et le pantalon des hussards et des chasseurs sont en drap.

L'on a été étonné du grand nombre d'habillement que le Général en chef attribuait à chaque régiment dépassant de beaucoup l'effectif, mais une lettre du général Berthier a prévenu les chefs de corps qu'ils n'auraient droit qu'à la moitié du nombre fixé ; cette mesure ayant été prise pour tromper nos ennemis sur la force des effectifs.

La fête de la naissance du prophète a été célébrée le 16 Août au Caire avec la même pompe que l'an dernier. Le Général en chef a montré les plus grands égards à Mustapha-Pacha et aux principaux prisonniers qui ont été étonnés de voir le respect des Français pour l'Islamisme. Le lendemain le général Rampon rentrait d'une expédition dirigée contre les Arabes Billis et Ayadelis.

L'avant-garde de la petite colonne dirigée par le sous-lieutenant Rampon du 7e hussards avait surpris le campement, tué cinq ou six Arabes et pris une quinzaine de chameaux, pendant qu'un peloton du 3ᵉ dragons marchant à 200 toises de la gauche des hussards fusillait tout ce qui fuyait. Après une poursuite d'une lieue et demie, la cavalerie s'empara du camp qui contenait un grand nombre de meubles, du riz, du savon, du tabac, de la toile ; tout ce que le soldat n'a pu emporter a été brûlé, enfin le village de Machtoul ayant abrité quelques-uns des rebelles, le général Rampon y a enlevé les bœufs et les moutons et le convoi est revenu à Mit Kenoué où la cavalerie put se rafraîchir avant de reprendre la route du Caire.

BOULACQ, 20 Août.

Les nouvelles de la Haute-Egypte, sont toujours à peu près les mêmes, Mourad a pu s'y réfugier de nouveau et tout près d'être saisi, trouve le moyen de glisser entre les mains de ceux qui croient déjà le tenir.

Le 10 août, Morand l'a surpris près de Samahout. Harassé de fatigue, il s'était endormi sans gardes quand le feu des dragons qui tirèrent sur son camp à dix pas le contraignit à sauter demi-nu à cheval. Sa selle, sa bride, son casque, son poignard et sa hache tombèrent entre les mains du chef d'escadron Lebreton du 20ᵉ dragons qui avait conduit cette avant-garde avec la plus grande habileté. Malheureusement la nuit était si profonde qu'il put encore s'échapper. En vain Savary se lança à sa poursuite avec 200 cavaliers du 18ᵉ dragons, il ne put atteindre que des Mamelucks blessés. Après cette poursuite le 18ᵉ dragons doit revenir au Caire.

Une triste nouvelle arrivait par le même courrier du Fayoum, l'adjudant général Rabasse, militaire des plus distingués s'est noyé dans le port de Miniet où il était en barque avec sept ou huit officiers, lui seul a péri. Tout le monde déplore le trépas de ce brave qui affronta tant de fois la mort sur tous nos champs de bataille.

BOULACQ, 30 Août 1799.

Le général Murat vient d'être nommé général de division pour sa brillante conduite à la bataille d'Aboukir, mais il quitte en même temps le commandement de sa brigade pour rentrer en France, ce qui nous cause un vif regret. Toute la cavalerie du Caire et de Boulacq, passe aux ordres de Davoust.

Le général en chef est parti secrètement dans la nuit du 22 au 23 emmenant avec lui les citoyens Berthier, Andréossy, Marmont, Lannes et Murat. Le bruit en courut au Caire dès le 24, mais le courrier du 25 en apporta la confirmation au général Dugua.

Le général Menou a été chargé par Bonaparte d'annoncer au général Kléber qu'il le désignait pour le remplacer dans le commandement en chef et lui a envoyé toutes les instructions par le chef de brigade Eyssautier.

Voici à peu près comment le départ s'est effectué : Le général Bonaparte feignit de commencer une tournée dans le Delta, et se rendit à Alexandrie directement après avoir donné à ceux qui devaient partir avec lui, l'ordre de s'y trouver pour le 21 août. Il assigna en même temps rendez-vous au général Kléber à Rosette mais n'y alla pas.

Il confia au général Menou que la situation de l'Europe le forçait à retourner en France et qu'il y exposerait mieux que par lettres, l'état de l'armée d'Egypte de manière qu'on y envoie promptement les renforts nécessaires. Après l'avoir rallié à son projet, il le chargea d'en assurer la sécurité en mettant l'embargo pour quarante-huit heures sur tous les bâtiments Autrichiens, Toscans ou Ragusais qui se trouvaient dans le port et en ne laissant mettre à la voile que quinze ou vingt jours après l'aviso la *Foudre* et la *Marie-Anne* qui devaient partir pour la France.

Ces précautions prises il monta à bord du *Muiron*, que l'amiral Gantheaume tenait prêt à appareiller et leva l'ancre accompagné de la *Carrère*, commandée par le citoyen Dumanoir le Pelley et des avisos l'*Indépendant* et la *Revanche*.

Les guides qu'il avait amenés à Alexandrie, se sont embarqués avec lui, laissant leurs chevaux qui sont renvoyés au Caire.

Cette nouvelle si inattendue a rempli toute l'armée de stupeur, cependant au milieu des discussions qu'elle amène, la plupart s'accordent à reconnaître que c'est pour le bien de l'armée que ce projet s'est accompli. Une paix ardemment désirée ou des renforts bien nécessaires en seront le résultat certain. La nomination du général Kléber au commandement en chef a ranimé tous les courages. Pas un soldat dans l'armée n'ignore les qualités militaires, la justice, l'intégrité de ce vertueux citoyen. Entre ses mains notre sort est assuré et son ordre du jour, plein de confiance et de promesses, longuement attendues a été accueilli avec la plus vive joie.

Il faut le reconnaître, la situation n'est pas brillante et la sécurité de l'Egypte est loin d'être assurée avec les ressources dont nous disposons. L'armée est à moité nue, manque de fusils et de munitions, les effectifs ont été réduits de moitié par la peste, les ophtalmies, la dyssenterie, indépendamment des combats. La cavalerie a cinq cents hommes à pied et ne peut ni trouver de chevaux, ni se procurer de selles, les forts entrepris sur tous les points importants sont insuffisants ou peuvent être tournés ; enfin les commissaires des guerres et autres employés ont pillé et dilapidé les ressources de cet admirable pays, aujourd'hui l'administrateur en chef Poussielgue déclare qu'il n'y a pas un sol en caisse et la cavalerie comme presque toute l'armée n'a pas touché de solde depuis près de huit mois. Les parts de butin, la maraude, quelques distributions de loin en loin nous ont seules fait vivre.

A l'annonce du départ de Bonaparte un grand nombre d'officiers qui étaient venus en Egypte suivre sa fortune ont demandé à partir pour le rejoindre. Le général Kléber accorde des passe-ports au plus grand nombre, les généraux Viaux et Dumuy, fatigués et infirmes partiront avec la *Marie-Anne*, ainsi que le général Junot à qui son affection pour le général Bonaparte ne permet point de rester ici.

Boulaco, 18 Septembre.

Notre espoir n'a pas été déçu. Aussitôt que le général Kléber eut connu sa nomination, il se rendit au Caire, et se hâta de prononcer les réformes nécessaires ; tout en activant la rentrée des impôts, il en a soumis la perception à un contrôle rigoureux, les frais de table des officiers qui montaient jusqu'à 2,000 livres par mois sont supprimés ; par compensation, une certaine somme sera allouée suivant les besoins pour les dépenses de courriers interprètes, etc. — Les compagnies de vétérans qui avaient été portées à quatre sont dissoutes, et les hommes renvoyés à leurs anciens régiments ; le corps de santé est réorganisé et diminué, une commission des subsistances établie au Caire, sous la présidence du général Dugua pour prévenir le gaspillage des grains et éviter la possibilité d'une famine.

Partout l'ordre le plus parfait succède à une prodigalité ruineuse. Le faible effectif de la cavalerie, a décidé le général Kléber à supprimer les fonctions d'inspecteur de l'armée qui avaient été confiées au général Dugua. Enfin le pays est divisé tout entier en huit arrondissements relevant du commandant en chef et correspondant avec lui.

Kléber est admirablement secondé dans son œuvre par le général Damas qui remplit les fonctions de chef d'Etat-major et vient d'être nommé général de division.

Nous avons eu quelques mouvements de cavalerie nécessités par les incursions continuelles de Mourad. L'escadron du 22e chasseurs, et son dépôt qui étaient à Boulacq, descendent rejoindre à Syout, le chef de brigade Lassalle, qui n'est guère tenté de venir au Caire, depuis qu'il sait que le général Davoust y commande toute la cavalerie. Il fait à Mourad, avec l'aide de l'adjudant général Boyer, une poursuite acharnée mais jusqu'ici infructueuse.

Un escadron du 18e dragons est parti rejoindre le général Friant dans la Haute-Egypte, pour concourir aux mêmes opérations. La cavalerie employée de ce côté a été pourvue par les soins du général Desaix, de chaînettes en mailles très souples et très résistantes qui sont cousues aux épaules et aux bras des habits et qui garantissent parfaitement contre les coups de cimeterre. Dans cette campagne où les mêlées de cavalerie sont journalières, que de blessures n'évitera-t-on pas grâce à cette précaution.

Du côté de la Syrie la situation s'aggrave beaucoup et l'audace des habitants entre Belbeis et El-Arish, s'accroît à l'approche des troupes du grand Vizir.

Le 13 un petit convoi revenait à vide sur El-Arish escorté par 25 hommes et un officier, quand il fut assailli par une centaine de Bédouins à pied et 150 cavaliers à plus de deux lieues du fort. A la première décharge, l'officier tomba grièvement blessé, mais le sergent Bessy de la 2e légère ralliant sa petite troupe fit une sanglante percée jusqu'au rivage, puis, couvrant ainsi son flanc gauche par la mer il rentra au fort sans avoir laissé un chameau aux mains de l'ennemi.

Un volontaire que les coureurs de Syrie avaient fait prisonnier a été renvoyé au général Kléber avec ordre de lui faire connaître la force de l'armée qui se prépare à envahir l'Egypte. Outre 600 Mamelucks et 600 cavaliers turcs qui forment l'avant-garde avec Ibrahim, le corps du Vizir peut être estimé à plus de 70,000 hommes abondamment pourvus de vivres et de moyens de transport, mais ils n'ont que trois mauvais petits canons. Le grand Vizir après avoir laissé ce volontaire examiner à loisir toute son armée l'a majestueusement congédié en lui disant : « Maintenant va prévenir ton maître de ce que tu as vu et dis lui de trembler. »

Il n'y a cependant aucun danger immédiat car l'armée turque ne peut s'avancer à cause de l'inondation du Nil, elle consomme donc sans profit les ressources immenses dont elle disposait. Son parc qui était, dit-on, de 5.000 bœufs, au début de la campagne se réduit tous les jours, et la traversée du désert achèvera de la ruiner sans que nous ayons presque à la combattre.

BELBEIS, 30 septembre.

Le général Kléber continue activement à mettre l'armée à l'abri de toute attaque. Le 20 de ce mois il a passé la revue de la cavalerie. Il a semblé généralement content de la tenue des différents régiments ; mais notamment de celle du 7e de hussards. La scrupuleuse uniformité qu'il a remarquée dans tous les points lui a prouvé la surveillance la plus constante de la part des chefs et l'amour de leur état de la part des officiers particuliers.

Le 1er Vendemiaire, septième anniversaire de la fondation de la République, a été célébré avec une grande solennité, et les Egyptiens y ont pris part avec autant d'enthousiasme que pour la fête de leur prophète.

Dès le matin, le Général en chef reçut les principaux agas et chefs et leur remit des pelisses avec les compliments les plus flatteurs, puis il se rendit dans la plaine entre la maison d'Ibrahim et le fort de l'Institut, accompagné des officiers généraux et de notre prisonnier Mustapha qui a été autorisé à avoir un cheval. Après avoir pris place sur une estrade ornée de mâts de pavillon aux couleurs nationales, le général Kléber fit exécuter une manœuvre par toutes les troupes, qui avaient été formées en carré par le général Dugua ; la cavalerie défila à la fin avec son artillerie, et par une manœuvre des plus rapides se forme en bataille et chargea, l'artillerie au centre, devant Mustapha émerveillé. Enfin tous ses canons tirèrent précipitamment annonçant la fin de cette fête militaire. Sur la place de l'Esbequieh on fit enlever un ballon dans la soirée et l'on tira à la nuit un feu d'artifice préparé par le citoyen Grobert, directeur de l'artillerie. La pièce principale traçait en lettres de feu les noms de Mont-Thabor et d'Aboukir.

Enfin les Egyptiens rentrèrent chez eux. Leur gravité orientale avait un peu arrêté l'élan de notre gaieté. Aussitôt des danses s'organisèrent et les femmes françaises qui avaient accompagné l'expédition ainsi que les étrangères que l'on appelle du nom général de Francs en firent l'ornement par leur grâce et leur beauté.

◆—¡·✳·¡—◆

CHAPITRE XIX.

Création de corps indigènes. — Négociations du général Desaix avec Sidney-Smith pour l'évacuation de l'Egypte. — Prise d'El-Arish. — Lettre de lord Keith. — Victoire d'Héliopolis ou de Matarieh. — Combat de Salehië. — Destruction de l'arme du grand Vizir.

BELBEIS, 10 Octobre.

Depuis le départ du général Bonaparte les demandes affluent pour rentrer en France. Après le général Junot que sa reconnaissance et son affection rappelaient aux côtés de notre ancien général en chef, le général Veaux, malade et infirme ; le général Dugua fatigué et vingt autres ont prié le général Kléber de leur faire donner leurs passe-ports pour regagner leur patrie.

Tout le monde y pense à cette chère patrie que nous avons quittée depuis deux ans déjà. Mais le devoir ne nous forcera sans doute point longtemps encore à demeurer sur cette terre d'Egypte où nous avons porté si haut le nom français. Une honorable négociation nous permettra de rentrer en Europe où notre présence devient nécessaire si les journaux et les dépêches qui nous parviennent représentent avec sincérité les efforts de la nouvelle coalition formée contre la République Française à l'instigation de notre mortelle ennemie.

Cependant le général Kléber s'efforce par tous les moyens d'augmenter notre puissance militaire, et en l'absence de recrues venant de France, il a prescrit la formation de nouveaux corps indigènes.

Le général Reynier organise à Belbeis une compagnie de Janissaires Syriens forte de 50 cavaliers, commandés par un capitaine, un lieutenant, deux maréchaux-des-logis et quatre brigadiers ; si cet essai réussit, la compagnie deviendra le noyau d'un régiment complet.

La compagnie grecque de Nicolle ayant donné de bons témoignages de sa valeur et de sa fidélité en plusieurs circonstances difficiles va être augmentée par des enrôlements faits parmi les

Grecs établis en Egypte, de manière à porter son effectif à douze cents hommes.

Enfin le citoyen Barthélemy a levé, organisé et armé à ses frais une compagnie de Mamelucks sur le modèle de celle de Hussein et a donné déjà beaucoup de satisfaction au général Kléber par les services qu'il a rendu, vers Beni-Suef.

Une partie des guides ayant accompagné le général Bonaparte à son départ d'Alexandrie, le général Kléber a voulu réorganiser ce qui en reste de manière à maintenir au complet ce corps d'élite qui a déployé tant de valeur dans cette campagne. Le 7e hussards y a fourni 4 cavaliers des plus braves et des plus disciplinés, le 22e chasseurs quatre également, le 3e dragons trois, le 14e dragons quatre et le 18e trois.

L'habillement est aussi l'objet de la sollicitude de notre général en chef. Le drap bleu manquait pour la confection des habits d'infanterie. Le général en chef a donné à chaque corps une couleur distinctive généralement très voyante, ce qui a excité au plus haut point la gaieté des soldats lorsqu'ils se sont vus habillés d'une façon si nouvelle. Ainsi la 2e légère porte l'habit vert clair avec les retroussis et parements gros bleus et les passe-poils blancs, la 21e légère est en bleu céleste avec les parements et le collet jaune, la 9e légère en écarlate avec revers blancs, la 13e de ligne cramoisi, la 32e en drap brun avec retroussis aurore.

Notre tenue n'a subi aucune modification si ce n'est que l'habit court a été par économie substitué à l'habit à longs pans pour toutes les armes. Les officiers seuls conservent l'ancienne forme ; les hussards ont repris la pelisse flottante et l'écharpe. La poursuite de Mourad à travers la haute Egypte, les expéditions contre quelques tribus insoumises occupent seules en ce moment notre cavalerie.

Le 17, nous avons chassé vers Coreïd un convoi de 260 chameaux environ qui emportait du grain en Syrie. Le chef de brigade Lambert, qui dirigeait cette attaque, ne put surprendre l'ennemi comme il y comptait, mais l'ardeur de nos dragons ne laissa aucun repos aux fuyards et après un galop furieux de plus de quatre heures dans le désert, nous avons été assez heureux pour cerner cette troupe que nous avons reconnu appartenir à la tribu des Aydes et lui prendre tout son convoi.

Du côté de Syout, l'adjudant général Boyer, en marche contre les Mamelucks a trouvé dans un village des porte-manteaux d'officiers et plusieurs marmites provenant des campements. Il a fait aussitôt arrêter le cheik et a livré les habitations au pillage. Sur le haut Nil, plusieurs chefs de brigade ont enrôlé des nègres de la Nubie qui ont rendu les plus grands services ; marcheurs infatigables, très sobres et assez intelligents, ils sont fiers de servir côte à côte avec des blancs. Les citoyens Eppler et Lassalle en disent tout le bien possible dans leurs rapports, aussi le général Kléber a-t-il prescrit de favoriser ces enrôlements ; ceux qui seraient trop faibles pour servir dans la cavalerie ou l'infanterie seront employés comme tambours ou comme trompettes, et les corps qui reçoivent des recrues nègres en état de porter les armes dans les dromadaires, l'infanterie ou la cavalerie touchent une prime de 150 livres.

BELBEIS, 15 Janvier.

Les semaines se sont succédées sans apporter de grands changements à notre situation ; après l'inondation qui nous protégeait contre l'armée du grand vizir, les négociations entreprises par le général Kléber l'ont retenu de nouveau dans ses cantonnements de Syrie. Le général Desaix et le citoyen Poussielgue sont allés à bord du *Tigre* conférer avec Sidney-Smith, commandant des forces anglaises dans le Levant et chargé de négocier en même temps que le grand vizir l'évacuation de l'Egypte.

L'abandon où nous laisse le Directoire exécutif est si complet que le général en chef voit comme seule solution raisonnable et digne de l'armée le retour dans la mère-patrie ; les effectifs sont réduits de plus de moitié, les armes manquent, les munitions sont insuffisantes et l'absence de secours, après les promesses que le général Bonaparte avait faites en partant, a jeté un grand découragement dans le corps expéditionnaire.

Cependant la prudence et l'honneur du nom français exigent que nous soyons toujours prêts à accepter la lutte contre un ennemi déloyal. Un décret du Directoire déclare que l'armée d'Orient ne

cesse de bien mériter de la Patrie ; nous ne resterons pas au-dessous d'une telle marque d'estime.

Le général Reynier occupe avec sa division les débouchés de la
Syrie, s'appuyant sur les places d'El-Arish, de Suez, de Katieh,
de Saléhié et de Belbeis ; nous avons été attachés depuis quatre
mois à cette division et nous fournissons, avec le régiment des
dromadaires, les reconnaissances journalières jusque sur la frontière de Syrie.

Le général Menou garde la côte, et les patrouilles du 15e dragons surveillent les points où un débarquement anglo-turc pourrait s'effectuer.

Dans la Haute-Egypte, le 22e chasseurs sillonne le pays sans
relâche et fait à Mourad une poursuite acharnée. Enfin le général
Davoust avec le 7e hussards, le 3e et le 20e dragons, s'est porté à
Karda, pour empêcher le bey de descendre dans le Bahiré et d'y
soulever de nouvelles insurrections.

La présence des troupes turques inquiète toujours les postes
avancés de la division Reynier. Le général Rampon croit que El-
Arish ne tardera pas à être investi et il réserve avec soin ses forces
pour soutenir le général Reynier s'il en est besoin. Le grand Vizir
est à Kan-Jounes et tous les rapports portent ses forces à 3.000 ou
4.000 cavaliers, dont 7 à 800 Mamelucks, le reste Kurdes ou
Turcs, 15.000 hommes d'infanterie et 30 pièces de canon. Son plan
consisterait à se porter à la fois sur El-Arish et Katieh et enlever
les deux places à la fois. Déjà les incursions sont si audacieuses
qu'une patrouille de grenadiers, qui se gardait mal, a été enlevée
tout entière.

Le CAIRE, 2 Janvier 1800.

El-Arish est aux mains des Turcs depuis le 31 décembre, la
nouvelle n'en est maintenant que trop certaine. Le général Kléber
avait proposé, vers la fin de décembre, de recevoir un pacha et le
cadi des Effendis pour négocier une convention d'après laquelle
les Français toucheraient 4 mois d'imposition avant l'évacuation
et seraient embarqués avec armes et bagages sur des bâtiments
Turcs. Le Vizir, de son côté, voulait que nous déposions les armes

et que nous nous retirions à Alexandrie, en attendant l'issue des négociations.

Pendant ce temps, l'investissement de El-Arish s'était continué et le 31 décembre, les Turcs profitèrent de l'instant où un parlementaire sortait du fort pour se précipiter sur la porte, l'enfoncer et faire un affreux massacre de la garnison, surprise par une si brusque attaque. Un soldat se précipite au magasin à poudre, et décide à ensevelir avec lui la masse des ennemis, il met le feu à un tonnelet. Une portion du fort s'écroule avec un épouvantable fracas couvrant de ses décombres plus de deux cents Turcs.

Enfin le colonel anglais Douglas se jette au milieu des combattants et obtient la vie sauve pour deux cent cinquante hommes qui survivent, le chef de bataillon Cazals, du génie, est au nombre des prisonniers. A la suite de cette surprise, le chef de brigade Morand se replie sur Salehié, et le général Rampon est venu à Belbeis avec la 75e de bataille et le 20e dragons.

A la nouvelle de la prise d'El-Arish, le général Kléber prescrivit au général Desaix et à Poussielgue de hâter les négociations. La situation devenait alarmante : l'ennemi semblait se concerter pour envelopper de toutes parts le faible corps expéditionnaire. Dans la Haute-Egypte, l'audace des Mamelucks s'augmente ; le général Friant, rappelé par le général en chef, se rapprochait du Caire avec toutes les troupes disponibles, en même temps Elfy bey se jetait avec deux cents cavaliers dans le Charquich, pour joindre les Billis et les soulever de nouveau, enfin une sourde agitation se manifestait au Caire.

Le général Kléber se contenta d'envoyer le 3e et le 14e dragons à Belbeis, poussant des reconnaissances sur Kathieh et les Fontaines où la cavalerie turque s'était établie, tandis que l'infanterie demeurait aux Palmiers.

Les grenadiers de la 18e, les guides, le 7e hussards et l'artillerie demeurèrent à Boulacq et au Caire, pour tenir en respect les habitants, et attendirent de nouveaux ordres. Le 8, la situation empirant de jour en jour, le général Kléber partit avec toutes ses troupes, ne laissant au général Dugua que la 2e et la 18e légère pour garder la place, et se rendit à Saléhié pour correspondre plus facilement avec le grand Vizir. Les caisses étaient vides, par suite de malversations des cophtes, et ordre fut donné d'emprisonner leur intendant en chef et de lui trancher la tête s'il ne remettait dans les coffres de l'armée une somme de 600.000 livres dans huit jours.

Le 12, le général Davoust infligea un sanglant échec à Elfy-bey, près de Nebtieh ; le chef d'escadron Jollivet, du 14e dragons, dispersa avec l'aide des compagnies grecques les rebelles de Boulacq enfin le général Friant reçut l'ordre d'évacuer tous les postes de la Haute-Egypte. même Cosseir, de lever le plus de contributions possibles, de transporter au Caire le grain qu'il pourrait ramasser et de se replier sur Syout et Beni-Souef.

Le chef de brigade Lassalle revint, en conséquence de ces dispositions, à Belbeis avec 150 hommes du 22e chasseurs, et toute l'armée fut formée de nouveau en quatre divisions d'infanterie aux ordres des généraux Reynier, Friant, Rampon et Lanusse, et une de cavalerie, sous le commandement du général Davoust, avec quatre pièces de huit et deux obusiers.

Boulacq, le 19 février.

La convention est un fait accompli, elle a été signée par Sidney-Smith et le Grand-Vizir d'une part, et ratifiée par le plénipotentiaire que le général Kléber avait chargé des négociations. Nous rentrons en France sur des bâtiments turcs, qui nous fournissent les vivres de la traversée; nous partons avec les honneurs de la guerre, tambour battant et enseignes déployées ; la joie la plus vive règne dans tous les cœurs.

Le général Desaix part un peu avant nous, il a fait acheter à Alexandrie par le citoyen Savary, 6 chevaux magnifiques, des schalls, des tapis et de l'huile de roses que l'on fabrique dans ces contrées à la perfection. Il emmène avec lui Savary, Rapp, Clément et Colbert, ses aides de camp, sur un brick ragusais nommé la *Madona della Gracia di St-Antonio di Padoa* qui doit le conduire à Toulon Le général Dugua s'est déjà embarqué sur le chebek la *Vengeance*. Puisse-t-il ne nous y précéder que de peu.

Nous allons trouver en France l'effectif nécessaire pour mettre de suite le régiment au complet, malgré les pertes que nous avons subies depuis le commencement de l'expédition ; cette mesure que le général Kléber vient de mettre à l'ordre de l'armée a été l'objet de vifs commentaires, car elle prive des officiers qui ont combattu journellement et subi mille fatigues, d'un avancement mérité et en fait profiter à ceux qui sont restés en France.

On nous dore la chose avec de beaux compliments. Au reste, je transcris la décision telle qu'elle a paru le 28 frimaire an VIII :

« Les consuls de la République, considérant que les régiments
« des troupes à cheval, employés à l'armée d'Orient, ont acquis
« dans le cours de cette guerre par leur bravoure et leur constance
« la réputation la plus éclatante et qu'il importe de porter et de
« maintenir ces corps au complet, arrête :

« Il sera formé 7 escadrons, composés chacun des officiers, sous-
« officiers, dragons, chasseurs, hussards, restés aux dépôts des 7
« régiments de troupes à cheval qui sont en Egypte. Ils porteront
« leurs numéros et feront partie desdits régiments.

« Tous les individus, officiers, sous-officiers, dragons, chasseurs
« ou hussards, qui faisaient partie de ces régiments, et qui depuis
« ont été incorporés dans d'autres corps, seront autorisés à rejoin-
« dre leurs étendards. Il sera pris des mesures nécessaires pour
« les porter au complet.

« Les commandants de ces corps enverront par toutes les occa-
« sions l'état de situation à leur conseil d'administration en
« Egypte. Dès l'instant qu'il sera possible, leur comptabilité sera
« réunie. »

Il vient d'arriver dans le port d'Alexandrie une corvette anglaise portant des nouvelles très graves. Je ne puis m'empêcher de céder à de tristes pressentiments L'évacuation serait-elle enc re retar-dée? Déjà les troupes se sont retirées de tous les postes. Donzelot a quitté Kosseir, Katieh, Mit-Kamar, Mansourah, Damiette, Belbeis et Suez ont été successivement remis aux Turcs ; leur avant-garde est tout près de nous et son approche a tellement excité l'arrogance des habitants que deux grenadiers de la 75e, qui faisaient une patrouille, ont été massacrés dans la rue. Heureusement la fermeté du général Kléber n'a point permis qu'un tel forfait demeurât impuni. Les Turcs qui l'avaient commis se sont réfugiés au camp du Grand-Vizir qui les a livrés à la juste colère du général en chef. Cinq d'entre eux ont été étranglés et les cinq autres décapités, et les corps des suppliciés ont été exposés sur la place d'Esbequich.

SALEHIÉ, 21 Mars.

Que d'évènements imprévus dans quelques jours ! Déjà toutes les places avaient été remises au Grand-Vizir. Il ne restait plus à évacuer que Gizeh, Raoudah, la ferme d'Ibrahim-Bey et Boulacq, lorsque l'attitude des Turcs, les explications embarrassées de Sidney-Smith, sur les intentions de son souverain, communiquées par lord Keith, inspirèrent des inquiétudes au général Kléber.

Le 16 mars, il prescrivit au général Destaing d'arrêter l'évacuation des munitions sur Rosette, et à Cavalier de se maintenir au fort Sulkowski. Le 18, l'ordre de l'armée était ainsi conçu :

« Voici la lettre qui vient de m'être adressée par le commandant « en chef de la flotte anglaise de la Méditerranée :

« A bord du vaisseau de Sa Majesté britannique la *Reine Charlotte*,

« MINORQUE, le 8 Janvier 1800.

« Monsieur,

« Ayant reçu des ordres positifs de Sa Majesté de ne consentir à aucune « capitulation avec l'armée française que vous commandez en Egypte et « en Syrie excepté dans le cas où elle mettrait bas les armes, se rendrait « prisonnière de guerre et abandonnerait tous les vaisseaux et toutes les « munitions des port et ville d'Alexandrie aux puissances alliées, et dans « le cas où une capitulation aurait lieu de ne permettre à aucune troupe « de retourner en France qu'elle ne soit échangée je pense nécessaire de « vous informer que tous les vaisseaux ayant des troupes françaises à « bord et faisant voile de ce pays d'après des passe-ports signés par d'au- « tres que ceux qui ont droit d'en accorder, seront forcés par les officiers « des vaisseaux que je commande de rentrer à Alexandrie et que ceux « qui seront rencontrés retournant en Europe d'après les passe-ports ac- « cordés en conséquence d'une capitulation particulière avec une des « puissances alliées seront retenus comme prise et tous les individus « à bord considérés comme prisonniers de guerre.

« KEITH. »

« Soldats, nous saurons répondre à une lettre aussi insolente par « des victoires ; préparez-vous à combattre. »

Le 20 mars, à l'aube nous montions à cheval, le 22e chasseurs en tête de colonne, nous un peu en arrière, les guides éclairaient la marche sur Matarieh où l'ennemi s'était retranché fort de 70.000 hommes, d'après les évaluations les plus modérées.

Sur notre gauche nous apercevions les carrés de la division Reynier avec deux pièces d'artillerie aux angles et les compagnies d'éclaireurs en avant marchant en tirailleurs. Les compagnies de grenadiers et de carabiniers formaient la réserve et croisaient leurs feux avec ceux des trois carrés. A droite le général Friant avait pris une disposition à peu près semblable.

A peine les premiers coups de fusils étaient-ils échangés en avant du village de Matarieh, qu'un gros de cavalerie sortit des premières maisons, ramassa un parti assez considérable d'infanterie et de Mamelucks et fit un grand détour à travers les terres cultivées pour gagner la route du Caire. Les guides s'élancèrent aussitôt, avec leur valeur habituelle pour refouler cette troupe, mais contrairement à notre attente, ces Turcs s'arrêtèrent et acceptèrent le combat. En un instant nos braves guides furent enveloppés et sans doute ils auraient péri jusqu'au dernier, victimes de leur aveugle courage quand les escadrons du 22e chasseurs et du 14e dragons s'ébranlèrent à leur tour pour voler au secours des guides.

La chaleur qui avait succédé à la retraite des eaux avait occasionné dans tout ce terrain de profondes crevasses qui arrêtèrent l'élan de nos escadrons aussi bien d'ailleurs que celui de la cavalerie turque. Cependant une mêlée opiniâtre s'engagea à travers les enclos et les jardins de Matarieh. Enfin l'ennemi tourna le dos et s'enfuit dans la direction du Caire sans qu'il fut possible de lui en couper le chemin.

Déjà l'infanterie du général Reynier était aux prises avec les défenseurs du village. La baïonnette au canon, les braves grenadiers de la 9e et de la 13e de bataille enlèvent les retranchements crénelés des Turcs et les poussent hors du village. D'autre part une forte colonne s'arrête près d'El-Marg et se met en défense aux mines d'Héliopolis. L'artillerie du général Friant la disperse sans que la mousqueterie de sa division ait à intervenir. Les fuyards couvrent la plaine. Les plus acharnés tentent un suprême effort à Birket-El-Hadji sans plus de succès. La déroute est complète et les vaillantes troupes du général Kléber bivouaquent sur le terrain abandonné par le grand Vizir pendant que nous continuons la poursuite pour empêcher l'ennemi de se reformer. La chaleur et la fatigue arrêtent notre marche au-delà d'El-Hanka où nous prenons quelques heures de repos.

Aussitôt que le champ de bataille eut été conquis et la déroute de l'ennemi complète, le général Kléber prescrivit au général Lagrange de rentrer au Caire avec deux bataillons de la 25e demi-brigade, un de la 61e, un autre de la 75e et les hommes à pied du régiment des dromadaires. Il craignait hélas, avec trop de raison, qu'un soulèvement de cette immense population ne vint aggraver notre situation.

Le lendemain au point du jour nous formions l'avant-garde de la division Reynier avec le 22e chasseurs ; à chaque pas nous trouvons des blessés, des chevaux ou des chameaux morts de fatigue, des voitures d'approvisionnements, tout le lugubre tableau d'une retraite précipitée. Belbeis devant lequel nous arrivons semble disposé à se défendre et la division Reynier prend position tandis que nous poussons des reconnaissances jusque sous les murs de la place.

L'arrivée de la division Friant qui tourne par la gauche, la position des Turcs détermine ces derniers à accepter la capitulation que le général Kléber a la générosité de leur offrir. Il consent à laisser les armes à deux cents d'entre eux, c'est à peu près tout ce qu'ils ont de fusils, mais un fanatique s'écrie qu'il préfère la mort et tire à bout portant un coup de pistolet sur le chef de brigade Latour-Maubourg, attaché depuis peu à l'état-major du général en chef. Heureusement la balle enlève son épaulette sans le toucher ; son forfait est à peine accompli que le Turc tombe percé de mille coups par nos grenadiers indignés. Tous ses compagnons se croient destinés au même sort, mais le général en chef se contente de les faire désarmer. Parmi les canons qui tombent entre nos mains se trouvent deux pièces anglaises que la Cour de Londres envoyait au grand Vizir. Le reste de la journée toute la cavalerie battit l'estrade en avant de l'armée ; le soir le 7e hussards ramena 45 chameaux. La déroute de l'ennemi était si complète que le général en chef put envoyer au Caire le général Friant avec deux bataillons de la 61e, deux de la 75e, le dernier de la 25e, quelques pièces d'artillerie légère et un détachement de cavalerie.

Le 22, la poursuite continua par la division Reynier ; le 22e chasseurs en avant-garde, appuyé par le 14e dragons. Notre infanterie eut bientôt à intervenir du côté de Coraïm où l'ennemi fit mine de vouloir tenir ferme. A ce moment le général Kléber qui se trouvait sur notre gauche accourut sur un mamelon pour voir ce qui se passait ; il était accompagné des guides avec deux pièces de canons et du 7e hussards. Tout à coup une masse de cavalerie se précipita sur cette petite troupe avec tant de rapidité que l'artillerie des guides ne put faire feu, et se trouva enveloppée en un instant. Les rangs de nos braves cavaliers n'en furent point rompus, et le général Kléber se mit en marche dans le plus grand ordre, longeant les jardins qui entourent Coraïm. Mais les habitants voyant la situation critique, se portèrent en masse avec des fusils aux abords du village et firent sur le 7e hussards un feu très meurtrier ; en même temps la cavalerie turque redoublait d'efforts pour disperser la faible escorte du général en chef. Le général Leclerc voit le péril et prompt comme l'éclair s'élance à la tête des escadrons du 3e et du 14e dragons pour dégager le général Kléber. La mêlée dure quelques instants seulement et la cavalerie turque rompue fuit dans le désert pour ne plus reparaître, en laissant 300 des siens sur le champ de bataille. En punition de leur perfidie, les habitants de Coraïm sont livrés à la juste vengeance du soldat qui détruit toutes les récoltes et incendie les maisons du village.

La marche sur Salehié se continua sans autre attaque ; le général en chef s'attendait à voir le grand Vizir accepter un nouveau combat mais il fuyait déjà avec 500 cavaliers à peine pour regagner en toute hâte la Syrie, abandonnant son camp plein de richesses et d'approvisionnents de toutes sortes. Nous continuâmes encore la poursuite avec le général Leclerc jusqu'au pont du Trésor, ramassant sur notre route des centaines de prisonniers, des armes et des munitions. En trois jours, de cette immense armée qui devait nous jeter hors de l'Egypte il ne restait plus que quelques débris mourant de faim et de soif dans le désert.

CHAPITRE XX.

Révolte et prise du Caire. — Expédition du chef de brigade Lambert à Suez. — Prospérité de l'armée sous Kléber. — Assassinat du général en chef, par Soleiman el Alepi. — Honneurs funèbres rendus à Kléber. — Exécution du meurtrier.

Suez, 3 Mai.

Depuis la bataille de Matarieh, le général en chef avait manifesté la plus grande inquiétude au sujet de l'attitude des habitants du Caire. Le lendemain même et deux jours après il avait envoyé en grande hâte les troupes disponibles pour y rétablir l'ordre qu'il prévoyait bien devoir être troublé.

Le 3 avril, délivré de tout souci du côté de la Syrie par la ruine complète de l'armé du Vizir, il prescrivit au chef de brigade Lambert de rassembler tout son régiment et de se tenir prêt à marcher avec lui sur le Caire. Le 3e dragons, le 22e chasseurs reçurent le même ordre et le soir même nous nous mettions en route formant une colonne de douze à treize cents hommes avec la 75e, la 88e demi-brigade et l'artillerie. La marche s'effectua avec une grande célérité et deux jours après nous commençâmes à entendre dans la direction du Caire, le sourd grondement du canon qui confirmait les appréhensions du général Kléber. Au fur et à mesure que nous nous rapprochions la fusillade devint plus distincte et les clameurs effrayantes qui s'élevaient de l'intérieur des maisons glaçèrent d'effroi les plus braves.

Hélas! les craintes du général en chef n'étaient que trop justifiées; la ville entière était insurgée, une poignée de braves tenait dans la maison du général Kléber et dans celle du génie; Boulacq s'était également soulevé malgré les efforts du chef d'escadron Jollivet et tous les alentours étaient aux mains des rebelles.

Le général en chef fit entrer les troupes par les jardins de sa maison et nous laissa aux abords du fort Sulkowski, avec mission de balayer la plaine et d'arrêter tout ce qui tenterait d'entrer dans la ville ou d'en sortir.

Chaque jour, nos patrouilles nous apprirent quelque nouveau malheur ; le brave chef de brigade Conroux, avait été mortellement blessé, à la tête des grenadiers de la 61e. Le général Belliard, atteint d'un coup de feu, inspirait les plus vives inquiétudes. L'ardeur de nos troupes ne se ralentissait pas, mais dans cette guerre de maison en maison, les pertes atteignent un chiffre bien plus élevé que dans les plus sanglants combats de l'expédition.

Enfin le canon que le général Kléber avait fait braquer sur la mosquée, les rameaux de mines que les sapeurs avaient poussés jusque sous le réduit des insurgés et dont l'explosion tua plus de trois cents de ces misérables fanatiques, finit par avoir raison de cette révolte. Le 7 floréal, les derniers refuges de l'ennemi tombèrent en notre pouvoir.

Avec une prudence que l'événement justifia pleinement, le général en chef avait défendu sous peine de mort tout pillage des maisons prises d'assaut jusqu'à ce que la ville entière fut réduite.

Tout le monde sentit la justesse de cet ordre, malheur au soldat qui se serait attardé seul dans une maison ; il aurait payé de sa vie une telle imprudence. Les insurgés, grâce à leur connaissance des localités, se cachaient dans les réduits les plus sombres épiant tous les isolés pour les massacrer avant de succomber eux mêmes. La générosité de Kléber mit fin à ces horribles scènes. Il consentit à pardonner aux principaux de la ville qui vinrent se jeter à ses pieds, mais il frappa d'une imposition de douze millions Boulacq et le Caire. L'argent se trouva vite, car les cheiks redoutaient une répression bien plus rigoureuse. Les prises faites dans les maisons furent aussi très considérables, les insurgés avaient trouvé moyen de fondre des pièces de canons et jusqu'à un obusier pendant le siège de la ville. Toute leur artillerie resta entre nos mains, ainsi qu'un grand nombre de bombes, de la poudre et des armes de toute sorte.

Sur ces entrefaites, le général Kléber, apprit par ses espions que le colonel Anglais Murray, avait débarqué à Suez, le 81e régiment d'infanterie, avec quatre pièces de 12 et deux mortiers. Les mensonges qu'il répandit parmi les gens du pays lui formèrent aussitôt une armée assez considérable et notre chef de brigade Lambert, reçut ordre d'aller la disperser.

Le canon grondait encore au Caire, lorsque nous quittâmes les hauteurs de La Coubé, précédant avec une trentaine de dromadaires les grenadiers de la 32e et ceux de la 21e que le général Kléber avait donnés à notre chef de brigade.

Le 1er floréal, nous étions devant Kalzanne, dont les hauteurs dominent Suez ; mais déjà le perfide Murray s'était jeté sur ses vaisseaux avec tout son régiment, ne laissant qu'une cinquantaine d'Anglais avec les Meckains et les gens d'Yambo. Après une courte cannonade toutes les positions furent enlevées et les habitants vinrent en suppliants, implorer le pardon de leur folie, tandis que les Anglais fuyant avec précipitation les abandonnaient au juste ressentiment de notre chef et poussaient la barbarie jusqu'à incendier leurs bâtiments dans le port. La conduite du chef de brigade Lambert, frappa d'étonnement et d'admiration ces malheureux égarés, il se contenta de rétablir les postes que nous occupions naguère, et donna même des secours à ceux qui avaient le plus souffert.

Le combat avait coûté aux ennemis cent tués dont quinze anglais, nous n'avions perdu que un soldat tué et trois blessés.

La cavalerie doit rester quelques jours à Suez, pour réparer les quais du port, brûlés par les anglais et affermir les bonnes dispositions des habitants, puis nous allons retourner à Boulacq, goûter un repos bien mérité après tant de fatigues et de si glorieux succès.

BOULACQ, 20 MAI.

Que l'aspect de ces lieux est changé depuis notre départ ! où nous avions laissé la ruine, les larmes et le sang, nous trouvons la joie et l'abondance.

Grâce aux sommes considérables que la ville du Caire dut verser dans les caisses de l'armée, les traces de dévastation ont promptement disparu. Des travailleurs indigènes ont réparé et assaini nos casernes, le soldat payé de tout son arriéré vit largement dans ces riches provinces. Les effets neufs qui ont été distribués à tous les corps ont remplacé les habits usés auxquels le soleil et les nuits de bivouac avaient enlevés la couleur et jusqu'à la forme.

Notre situation n'est pas moins prospère ; la plupart des officiers occupent de jolies maisons de brique entourées de jardins, le travail judicieusement réglé entretient la bonne discipline et l'instruction de nos dragons sans nous enlever tout loisir.

Le service de la place a été considérablement allégé depuis que les compagnies grecques, et les cophtes concourent avec les troupes françaises. Les ojaklès ont été désarmés ; quant au recrutement des cophtes, il avait été d'abord assez difficile parce qu'ils craignaient la colère des musulmans, si nous étions jetés hors de l'Egypte ; mais lorsqu'ils ont vu la puissance des Français assise d'une façon inébranlable, ils sont venus en foule s'enrôler sous les drapeaux du général Kléber. Celui-ci en a passé le 12 mai la revue sous les sycomores de l'île de Raoudah, il a été frappé de leur belle tenue et de l'intelligence avec laquelle ils exécutent les différents mouvements qui leur ont été enseignés.

Mourad, notre plus redoutable ennemi est maintenant l'allié le plus sûr. Il gouverne avec sagesse la haute Egypte où il a succédé au général Desaix. Ces provinces n'ont point été aussi favorisées que les années précédentes et la sécheresse y a causé de grands dommages. Aussi le général Kléber a-t-il accordé à Mourad, une réduction considérable sur le Miri, ce qui n'empêche pas que grâce aux bonnes dispositions prises, l'armée vit dans l'abondance, que tous les services sont largement rétribués et que nous jouissons enfin d'une prospérité durable succédant à de mauvais jours et de dures privations.

Boulacq, 14 Juin.

Un forfait épouvantable vient de jeter l'armée entière dans la plus profonde douleur, le général Kléber est tombé sous le poignard d'un fanatique.

La nouvelle s'est répandue en un instant dans toute la ville. Partout on rencontre des soldats en larmes qui courent à la maison du gouvernement, ne pouvant croire encore au malheur qui les frappe

Le misérable qui a commis ce crime affreux est un turc du nom de Soleima..-e. Alepi. Il a été arrété presqu'aussitôt malgré sa résistance furieuse par deux courageux citoyens, maréchaux des logis de l'artillerie des guides.

Le matin même, comme le général parcourait ses appartements avec l'architecte Protain auquel il indiquait les embellissements qu'il désirait y apporter, Devouges, son aide-de-camp, remarqua un Osmanli de mauvaise mine qui cherchait à s'approcher de lui.

Devouges se contenta de le faire chasser par les guides de services ; que ne le fit-il plutôt emprisonner !

Deux heures après, ce fanatique trouvait le moyen de se glisser dans les jardins du quartier général et caché dans un buisson at tendait l'instant favorable. Il aperçoit le général qui continuait à se promener avec le citoyen Protain, s'élance sur lui et malgré l'intervention courageuse de l'architecte lui plongea son poignard dans la poitrine, puis tournant sa rage contre celui qui a cherché à arréter son bras il le frappe à coups redoublés et s'échappe ensuite à travers les bosquets du jardin.

Heureusement que son air égaré, ses vêtements ensanglantés le désignent bien vite. En vain simule-t-il la folie, il est arrêté, enchaîné et conduit devant le général Menou que son ancienneté appelle à succéder au général Kléber.

Nul ne doute ici que ce misérable fanatique n'ait accompli son forfait à l'instigation du grand Vizir qui désespérant de réduire Kléber par la force n'a pas reculé devant un crime.

BOULACQ, 18 Juin.

La cérémonie funèbre qui vient d'honorer les mânes de Kléber, restera longtemps gravée dans ma mémoire non pas tant par la pompe qui y fut déployée que par la douleur universelle des assistants.

Le 16 au matin toutes les troupes, et la population entière s'assemblaient pour rendre les derniers honneurs à notre général en chef. L'ordre du cortège avait été réglé par le général Menou avec toute la solennité qui convenait pour honorer un tel homme.

Derrière le détachement de cavalerie qui ouvrait la marche, l'artillerie de campagne la 22e légère, les guides à pied et les musiques des régiments, le corps porté sur un char magnifique, puis venaient l'état-major du général, les membres de l'Institut, les guides à cheval et les Mamelucks de Hussein, puis les cadis et ulémas, les prêtres grecs et catholiques, et les corporations de la ville enfin les régiments d'infanterie casernés au Caire, les dromadaires, les corps indigènes, Mamelucks de Barthélemy et Syriens à cheval, nos régiments de dragons fermaient la marche du funèbre cortège qui se dirigeait vers la ferme d'Ibrahim où le corps fut disposé sous la garde des Invalides.

Des salves de mousqueterie furent tirées sur la tombe pendant que l'artillerie tonnait au loin envoyant aux échos du Nil ce dernier adieu guerrier à celui qui porta si haut la gloire française en Egypte.

L'assassin a déjà subi sa peine, traduit devant un conseil de guerre il a été condamné à avoir le poignet droit brûlé avant d'être empalé vif, son cadavre restera exposé sur la butte du fort de l'Institut jusqu'à ce qu'il soit dévoré par les oiseaux de proie.

◆—¡※¡—◆

CHAPITRE XXI.

Menou commandant en chef — Mesures diverses prises pour le bien-être des troupes. — Organisation du pays au commencement de 1801. — Dispersion des hordes insurgées du Delta. — L'escadre anglaise croise devant Aboukir. — Débarquement. — Héroïsme de divers dragons du 18ᵉ. — Combat du 8 Mars.

BOULACQ, 10 juillet

Depuis que le général Menou a pris le commandement en chef, la tranquillité n'a pas été troublée dans tout le pays ; malgré la menace constante d'une descente des Anglais et de nouvelles incursions du grand Vizir. La cavalerie a été répartie suivant les besoins et fournit le plus souvent les détachements destinés à de rapides expéditions contre des tribus de fidélité douteuse. Le général Lanusse a conservé à cet effet le 22ᵉ chasseurs, les 3ᵉ et 18ᵉ dragons dans le Bahireh et la province de Rosette, mais il doit renvoyer à Boulacq le 3ᵉ dragons qui viendra occuper les casernements proches du 7ᵉ hussards et du 14ᵉ dragons. Le général Rampon emploie le 20ᵉ dragons dans les provinces de Damiette et de Mansourah et le général Verdier est en réserve à Ramanieh avec le 15ᵉ dragons.

La question des remontes est toujours le sujet de plaintes nombreuses ; les achats sont mal faits, les réquisitions insuffisantes, aussi le général Menou, décidé à couper court aux abus qui se produisent depuis deux ans, a prescrit que les détachements non montés des différents régiments de cavalerie se rendraient dans la Haute-Egypte pour y procéder eux-mêmes à la levée des chevaux. Le résultat que l'on attend de cette mesure sera du moins de ne pas monter la cavalerie avec les plus mauvais chevaux de l'Egypte.

De plus le Général en chef a donné des ordres pour la création d'un dépôt de remonte de l'armée, sous la surveillance d'un inspecteur général. Le personnel se recrutera parmi les officiers que leurs blessures ou les infirmités rendent incapables d'un service actif.

Il comprend en principe, un contrôleur, un surveillant chef, un sous-surveillant, 6 maréchaux-des-logis, un artiste vétérinaire, 6 maréchaux-ferrant et deux fourriers.

Les palefreniers choisis parmi les invalides de la cavalerie formeront une compagnie spéciale à raison de un homme pour quatre chevaux. Le choix d'un emplacement a été l'objet de plusieurs projets différents. On avait proposé la maison d'Osman-bey, située au centre du Caire et susceptible de contenir 400 chevaux, le 7e hussards qui l'avait occupée jadis comme caserne la regrettait beaucoup, mais le général Menou a désiré que cet établissement soit formé en dehors de la ville dans un endroit où les pâturages et l'espace ne soient pas ménagés aux chevaux et a fait choix de la ferme d'Ibrahim-bey, tout à fait appropriée à ce service.

Les loisirs qu'une paix momentanée donne au Général en chef lui ont permis de s'occuper plus particulièrement du bien-être des troupes et des officiers. Ainsi la fabrication du pain a toujours été très défectueuse dans ce pays qui fournit pourtant le blé le meilleur du monde entier. Frappé de cette anomalie, le général Menou a formé une commission pour la bonne fabrication du pain et a choisi les membres parmi les savants et les officiers. On y trouve le médecin en chef Desgenettes, les chefs de brigade Lambert et Silly, le citoyen Comté, chef des aérostiers, dont les services ont été inappréciables et le citoyen Champy.

Déjà la salutaire surveillance de cette commission a réprimé bien des fraudes, fait disparaître le gaspillage et procuré au soldat une nourriture saine et agréable au lieu du pain mal cuit et de mauvaise qualité qu'il touchait depuis si longtemps malgré ses plaintes.

Les officiers trouvent à l'Institut Bonaparte une bibliothèque bien fournie où les travaux des savants qui ont accccompagné l'expédition alternent avec les œuvres littéraires de tous les siècles et de tous les pays. Les publications périodiques que le citoyen Marc Aurèle avait fait paraître dès le premier jour de la conquête ont été fondues en une seule, le Courrier de l'Egypte, dirigé par Desgenettes et abondamment pourvu de nouvelles du pays et de l'Europe même.

Il ne faudrait cependant pas croire que les Arabes aient renoncé à leurs habitudes de maraude, et nous laissent complètement en paix.

Les plaintes sont si nombreuses, les vols si audacieux que le général Menou a dû prescrire des rondes de 30 cavaliers toutes les nuits. Ces rondes battent le pays entre le Caire, Boulacq, Raoudah et la ferme d'Ibrahim et dispersent les bandes de pillards qui s'y forment dès que l'obscurité vient favoriser leurs desseins.

La surveillance de ces patrouilles n'a cependant pas pu empé cher, une de ces dernières nuits, les Bédouins de voler un cheval tout harnaché appartenant au chef du 7e de hussards.

Celui-ci est entré dans une si grande fureur, qu'ayant appris le nom du village où sa monture avait été emmenée, il voulut y envoyer 30 hussards la reprendre de force ; mais le général Menou craignant avec raison les excès auxquels les cavaliers n'auraient pas manqué de se livrer pour venger l'affront fait à leur chef empêcha l'expédition projetée. Le cheik du village fut mandé et reçut l'ordre de rendre le cheval avec de grandes excuses au chef de brigade. Je crois qu'il l'a échappée belle

Boulacq, février 1801.

Les semaines, les mois se sont écoulés avec une désespérante monotonie, les nouvelles d'Europe deviennent de plus en plus rares. Il semble que la République nous ait oubliés dans ces lointaines contrées. Beaucoup d'entre nous se sont arrangés une existence toute orientale. A l'exemple du général Menou qui a épousé une Turque et qui s'appelle Abdallah, du chef de brigade Lambert qui vit ouvertement avec une femme égyptienne, nommée Martha, ils se créent des relations amicales, des familles mêmes dans ce pays. Pour moi, je ne puis renoncer à l'espoir de retourner dans mon pays ; la paix que l'on nous assure régner aujourd'hui dans l'Europe entière abrégera peut-être ce temps d'exil.

Les Anglais seuls n'ont pas désarmé, la présence des Français en Egypte excite leur fureur et leurs bâtiments sillonnent sans cesse nos paysages, capturant tous les bâtiments qui se hasardent au large. Les patrouilles de cavalerie ont toujours été conservées

10

le long de la côte. C'est le 18e dragons qui est plus particulièrement chargé de ce service, malheureusement les secours que les
cavaliers peuvent apporter aux bâtiments poursuivis ne sont pas
capables de faire surmonter à beaucoup de marins la terreur que
les Anglais ont su leur inspirer.

A la fin de février, le chebek la *Vertu*, qui se rendait d'Alexandrie à Rosette, aperçut en mer un bâtiment ennemi qui lui courait
sus ; il se rapprocha aussitôt de la côte, vers le Marabout, tandis
que les dragons, témoins du danger qu'il courait, s'avançaient
précipitamment sur le rivage pour lui porter secours. Déjà il
n'était plus qu'à trois portées de fusil du Marabout et les cavaliers
comptaient qu'il allait s'échouer plutôt que de se rendre, quand ils
eurent la rage de lui voir amener son pavillon au premier coup de
canon que les Anglais lui tirèrent. La lâcheté de l'officier qui le
commandait indigna les dragons qui s'éloignèrent, convaincus de
leur impuissance, afin de ne pas être témoins d'un spectacle si
attristant pour des cœurs vraiment français.

Mais si les Anglais règnent sur la mer, la pacification des provinces égyptiennes fait chaque jour de nouveaux progrès, le Delta
qui a été longtemps le refuge d'insaisissables bandes est aujour-
d'hui délivré de ces malfaiteurs. Le chef de brigade Lefebvre avait
reçu mission de les poursuivre à outrance avec la 25e demi-brigade
et le 20e dragons. Il déploya tant d'activité qu'il parvint à cerner
dans le village d'Antour le cheik Abou, sultan des Djebalis et tous
ses brigands. Pendant que le chef de bataillon Duhamel les attaquait à la baïonnette, avec la plus grande valeur, le chef d'escadron Boussart chargeait à la tête du 20e dragons ceux qui cherchaient à fuir et en faisait un horrible massacre. Le cheik Abou
tomba entre ses mains et fut aussitôt fusillé. Un immense butin et
un grand nombre de bestiaux restaient aux vainqueurs. Ceux-ci
les restituèrent aussitôt aux villages qui s'en étaient vu dépouiller.
Un tel acte de générosité a inspiré aux habitants la plus vive
reconnaissance et acheva d'assurer leur fidélité.

RAMANIEH, 9 Mars.

Les évènements se sont précipités depuis le commencement du
mois de la manière la plus inattendue et la plus triste pour l'armée.

Le 3 mars, la frégate la *Régénérée*, trompant la surveillance des bâtiments anglais, entrait dans le port d'Alexandrie et débarquait 230 hommes de renfort Elle avait effectué en dix-sept jours la traversée de Rochefort ici, et précédait de peu le brick le *Lodi* qui apportait un chargement d'armes, de munitions et d'instruments de toutes sortes : charrues, moulins, etc., bien précieux dans le dénuement où nous nous trouvions.

Ces bâtiments étaient porteurs des meilleures nouvelles ; la paix était générale en Europe, et l'amiral Gantheaume, à la téte d'une flotte imposante, devait amener 5,000 hommes de renfort qui avaient été réunis à Brest.

Mais en même temps le général Friant signalait l'apparition de la flotte anglaise devant Aboukir. L'état de la mer empêchait seul un débarquement qui devenait imminent.

Le général Reynier avait été informé en même temps que de nombreux rassemblements turcs se formaient sur la frontière de Syrie. Il accourut auprès du général Menou et le supplia de se porter promptement, avec toutes ses forces, à Aboukir pour écraser les Anglais à leur débarquement et les rejeter à la mer.

Il était évident que la marche du grand Vizir, à travers le désert serait très lente, qu'il attendait un succès des Anglais, pour prononcer son mouvement, et qu'il n'y avait de ce côté aucun danger immédiat. Cependant le général Menou, convaincu que les Anglais n'amenaient que des forces insignifiantes, ne voulut point porter du côté d'Aboukir le gros de ses troupes qu'il conserva au Caire. Il recommanda au général Reynier de retourner à Belbeis et d'observer l'armée des Osmanlis, et il se borna à envoyer d'abord le 22e chasseurs, avec le général Bron, renforcer le 18e dragons.

Les demandes réitérées du général Friant auquel la situation inspirait de vives inquiétudes, forcèrent le général Menou à envoyer successivement la 18e et la 69e demi-brigade puis la 4e et la 88e et enfin la 75e. Cette dernière habillée de rouge comme les Anglais reçut ordre de porter la chemise ou la capote par-dessus l'habit pour éviter toute méprise.

Cependant les bâtiments de l'escadre profitant d'une accalmie débarquèrent dès le 5 quelques troupes qui refoulèrent nos avant-postes trop faibles et prirent terre en avant du fort d'Aboukir, la cavalerie était peu nombreuse et fort mal montée, elle ne semblait destinée qu'aux escortes et au service d'ordonnances. Ces premiers détachements se retranchèrent fortement entre Aboukir et la digue du lac Madieh, et, à partir de ce moment, les canots et les bâtiments légers ne cessèrent de jeter de nouvelles troupes sur ce point de la côte.

Les reconnaissances et les rapports des espions signalèrent la présence de 13,000 hommes à peu près d'infanterie, dont les régiments Coldstream de la garde royale, de Minorque, de Dillon, de Rolle et des tirailleurs corses ; un régiment irlandais et la brigade des Riffles débarquèrent un peu plus tard.

La cavalerie comprenait 600 hommes du 11e dragons légers, 300 des hussards de Hompech et 100 ordonnances montés. Ce nombre s'accrut peu à peu par l'arrivée des 12e et 26e dragons légers, et plus tard enfin du 22e de même arme.

L'artillerie était peu nombreuse, mais la position des troupes de débarquement dans une presqu'île étroite permettait l'action efficace des canonnières sur les deux flancs, et nos troupes eurent beaucoup à en souffrir dans les différents combats.

Dès les premiers jours, les communications entre Alexandrie et le fort d'Aboukir devinrent extrêmement difficiles, mais l'audace de nos cavaliers, accrue par la timidité de l'ennemi triomphait de tous les obstacles.

Le 8 mars le général Friant chargea le brigadier Palluel, du 18e dragons, d'aller porter un ordre au commandant du fort. Sa mission terminée, Palluel voyant les alentours sillonnés de patrouilles ennemies refusa de s'enfermer à Aboukir et fondit sur les Anglais le sabre au poing. Bientôt entouré de toutes parts il tombe à terre sous son cheval criblé de coups de baïonnette. Il se dégage aussitôt et tient tête à cinq Anglais qui le somment de se rendre. Sa latte fait le vide autour de lui, deux de ses assaillants sont mortellement blessés ; il est assez heureux pour se débarrasser des autres et rejoindre sain et sauf sa colonne aux applaudissements de tous les témoins d'un acte si courageux.

Cependant, sur les instances du général Friant, Menou s'était décidé à envoyer le 3ᵉ dragons et le 22ᵉ chasseurs avec le général Bron ; en même temps Zayonchek, qui était à la Maison carrée, reçut par signaux ordre de se replier sur Alexandrie et Lanusse, qui était à Ramanieh, se mit en marche vers Bedah où il entendait le canon.

C'était le général Friant qui, à la tête de ce qu'il avait de troupes sous la main, tentait de rejeter les Anglais à la mer. L'affaire s'engagea le 8 mars dès le matin.

Malgré la valeur des grenadiers de la 61ᵉ et de la 75ᵉ demi-brigade, les lignes anglaises demeurèrent inébranlables. Friant voulut tenter alors de les faire enfoncer par sa cavalerie et envoya au chef de brigade Ledée du 18ᵉ dragons l'ordre de se porter en avant. Il savait qu'il pouvait compter sur l'intrépidité de ce régiment éprouvé dans tant de combats et que les Anglais n'osaient attendre de pied ferme. Cependant le chef de brigade prit ses dispositions avec tant d'indécision et mit tant de lenteur à déployer ses escadrons qu'il laissa échapper le moment propice pour une action décisive. En vain le chef d'escadron Leclerc blessé, renversé sous son cheval mort, essaie-t-il de porter de nouveau en avant ses braves dragons, en vain Boussard qui venait d'accourir au feu avec une cinquantaine de dragons du 20ᵉ, se lance t il tête baissée sur les tirailleurs ennemis, qu'il sabre à plusieurs reprises, leur action permet seulement à la 61ᵉ demi-brigade de reprendre l'offensive, sans parvenir à entamer les positions des Anglais. Bientôt, ceux-ci, appuyés par le feu des canonnières, cherchent à envelopper cette brave demi brigade, mais les dragons du 20ᵉ et les grenadiers de la 75ᵉ volent à son secours et forcent l'ennemi à la retraite. On avait combattu de sept heures du matin à midi et le tiers des troupes engagées était par terre sans que l'on eut obtenu aucun succès marquant de part ou d'autre. La cavalerie avait perdu plus de quarante chevaux principalement dans le détachement du général Boussard qui avait donné à plusieurs reprises avec la plus grande valeur.

Quelques actes de bravoure héroïque rehaussèrent encore le prestige de la cavalerie dans cette affaire : les brigadiers Albaret et Caillet du 18ᵉ dragons qui avaient déployé la plus grande hardiesse dans la malencontreuse attaque sur les positions anglaises, aperçurent le sous-lieutenant Javary de leur régiment qui ayant son cheval tué sous lui, restait aux mains des ennemis ; aussitôt ils s'élancent seuls contre le peloton qui l'entraînait et le dégagent en dispersant les Anglais stupéfaits de tant d'audace. Ils tuent trois ennemis, en blessent deux autres et couverts de blessures eux-mêmes ramènent leur officier au milieu du régiment. Le dragon Giroud du 18ᵉ a son cheval tué sous lui et se voit assailli par quatre Anglais, il en tue deux, écarte les autres et rejoint les siens qui le croyaient prisonnier.

C'est par de telles actions que la cavalerie française s'acquiert désormais une incomparable renommée et inspire aux Anglais une si grande terreur qu'ils n'osent s'aventurer en reconnaissance sans des forces considérables. Ils se retranchent actuellement dans leurs positions, semblant attendre notre attaque alors que leur supériorité numérique leur permettrait une vigoureuse offensive.

CHAPITRE XXII.

*Combat du 13 Mars. — La cavalerie se réunit au camp de Daman-
hour puis se porte sur Alexandrie — Bataille de Canope. —
Belle conduite de la brigade Boussard. — Mort des généraux
Lanusse et Roize. — Pertes de la cavalerie.*

ALEXANDRIE, 23 Mars.

Ce fut deux jours après l'infructueuse tentative du général
Friant que le 22e chasseurs et le 3e dragons, arrivèrent sous
Alexandrie amenés par le général Bron.

En même temps nous recevions l'ordre de renforcer les deux
petits postes que le régiment avait à Saléhié et à Belbeis et à nous
tenir prêts à partir pour Ramanieh, avec le reste de la cavalerie.

Les détachements du 20e dragons qui se trouvaient dans le Delta
vinrent à ce moment se réunir au camp du général Zayonchek, et
de là se portèrent sur Alexandrie, où se trouvait déjà le général
Boussard.

Dès son arrivée, le 3e dragons releva à l'Embarcadère, le 18e,
qui avait beaucoup souffert les jours précédents par le feu des
Anglais et par les reconnaissances continuelles qu'il avait été seul
à fournir.

A peine les grand-gardes étaient-elles placées, le 10 au matin
que les tirailleurs corses s'avancèrent pour les reconnaître ; mal
leur en prit, car les dragons fondirent sur eux à l'improviste,
sabrèrent tout ce qui résistait et ramenèrent au camp une trentaine
de prisonniers. Cette échec rendit les avant postes anglais plus
circonspects. Le lendemain on se borna à s'observer mutuellement.

Le 12, la brigade Bron, qui comprenait les 3e et 18e dragons et
le 22e chasseurs reçut l'ordre de passer à la droite de manière à
inquiéter la gauche des Anglais et lui interdire tout mouvement
dans la plaine. On s'attendait à une attaque imminente de l'ennemi.
Le 13, dès six heures du matin, une canonnade violente sur les
positions du général Friant commença l'action. Notre artillerie

très inférieure riposta néanmoins pendant que les régiments prenaient leurs dernières dispositions de combat. Les généraux Friant et Lanusse commanderont chacun une faible division.

Déjà le chef de brigade du 22e chasseurs, Latour-Maubourg, blessé à la tête, avait dû quitter le champ de bataille, quand les Anglais se décidèrent à prononcer leur attaque. Ils s'avancèrent sur trois fortes colonnes dont deux longeaient le bord de la mer à droite et à gauche et la troisième marchait le centre en avant, précédée elle-même de nombreux tirailleurs. Deux pelotons de cavalerie forts de 40 hommes chacun éclairaient les deux ailes, sans s'aventurer plus loin de leur infanterie qu'une faible portée de fusil.

Les Anglais avaient adopté cet ordre de bataille par crainte de notre cavalerie qui leur inspirait la plus grande frayeur. Cependant le chef d'escadron Refrogné, qui avait pris le commandement du 22e chasseurs passa au trot entre les divisions Friant et Lanusse et se lança à la charge sur la colonne du centre qui s'arrêta net et laissa 400 prisonniers entre les mains des chasseurs. Brillant succès mais trop court et trop chèrement payé ! Le brave Refrogné, tombe mort à la tête de ses escadrons et c'est un capitaine qui rallie le 22e. Pendant que le 3e dragons accourt pour soutenir les chasseurs, la deuxième ligne ennemie s'engage appuyée du feu des canonniers qui criblent de mitraille nos intrépides dragons.

Après une lutte sanglante la cavalerie se replie, ainsi que la 4e demi-brigade qui avait suivi son mouvement et laisse le glorieux théâtre de ses charges couvert de morts et de mourants. Sur 230 chasseurs qui avaient commencé l'attaque avec Refrogné, 150 à peine regagnaient les lignes ; le 3 dragons avait moins souffert.

Enfin la retraite devient générale. Lanusse, atteint d'une balle à l'épaule, ne quitte pas sa division et la ramène, dans le plus grand ordre, à 600 toises environ en avant d'Alexandrie où elle s'arrête dans une forte position. La division Friant s'établit à sa droite couverte dans son mouvement rétrograde par le 18e de dragons.

Dès lors la cavalerie devenait inutile D'après les instructions de Menou, le général Bron rallia le 22e chasseurs, le 3e et le 20e dragons et s'engagea avec eux à travers le lac Maréotis à moitié inondé par les Anglais et se dirigea sur Damanhour où il devait retrouver le général Roize. Le 18ᵉ dragons resta seul sous Alexandrie.

Du 13 au 18 la cavalerie se réunit toute entière sous Damanhour attendant l'ordre du Général en chef pour se porter sous Alexandrie et débloquer la place. Les Anglais, fortement retranchés au camp des Romains et dans les positions où nous devions les trouver le 21, commençaient à pousser leurs reconnaissances un peu plus au loin.

Le 18 un parti de 100 cavaliers du 12ᵉ dragons légers rencontra une cinquantaine de hussards du 7ᵉ qui précédaient une compagnie de la 21ᵉ légère en reconnaissance.

A la vue de l'ennemi le capitaine Vever qui commandait les hussards n'attend pas la charge et court aux dragons qu'il traverse, puis, profitant de la souplesse de leurs chevaux, les hussards tournent bride rapidement et prennent à dos les Anglais qui ne peuvent arrêter leur mouvement. Ils les ramènent ainsi jusque sur les baïonnettes des carabiniers Ceux-ci en font un horrible massacre. Tout ce qui n'est pas tué est pris, mais dans la courte mêlée qui s'était engagée entre les hussards et les dragons le capitaine Vever était tombé frappé mortellement.

De Damanhour nous reçumes l'ordre de partir avec le général Destaing pour chasser l'ennemi de la digue de Bédah ce qui se fit sans difficulté. Les différentes colonnes qui s'étaient réunies d'abord à Ramanieh arrivèrent alors à Alexandrie où le général en chef se rendait pour juger par lui-même de l'imminence du péril.

Le 20, au soir, l'armée prit son ordre de bataille et se prépara à attaquer les Anglais au point du jour.

A la droite de notre ligne, du côté des redoutes, le général Menou avait placé un corps de cavalerie légère fort de 300 hommes environ du 22ᵉ chasseurs et du 7ᵉ hussards sous le commandement du général Bron avec 130 dromadaires du chef de brigade Cavalier. Ce petit corps avait pour mission de dessiner à notre extrême droite une fausse attaque sur le lac Maréotis et le canal de l'Embarcadère. La ligne d'infanterie occupait toute la largeur de la presqu'île avec les divisions Damas et Friant à droite, Destaing au centre, Rampon et Lanusse à gauche, ce dernier s'appuyant à la mer.

Le général Menou donna l'ordre au général Roize d'établir sa cavalerie sur deux lignes en arrière du centre prête à profiter d'un instant favorable pour agir d'une manière décisive sur le centre Anglais.

A 3 heures du matin nous montions à cheval pour aller occuper notre emplacement ; le général Roize plaça en première ligne les 3e et 14e dragons dont il donna le commandement au général Boussard et garda avec lui les 15e, 18e et 20e dragons en deuxième ligne.

Au point du jour la bataille s'engagea et la division Lanusse ouvrit un feu des plus vifs contre la droite des Anglais. Mais, atteint d'un boulet qui lui emporte la cuisse, le brave Lanusse qui, malgré sa blessure du 18 était toujours le premier au feu, fut emmené mourant du champ de bataille. Aucune attaque ne semblait réussir d'une façon assez complète pour que la cavalerie put intervenir fructueusement, mais d'autre part nos intrépides tirailleurs ne perdaient pas un pouce de terrain. Ce fut à ce moment que le général Menou qui se promenait fièvreusement en arrière de la ligne de bataille s'approcha du général Roize et lui ordonna de charger.

Celui-ci observait un peu en avant de notre ligne les péripéties du combat et sentant combien une action de cavalerie était inopportune, il regarda le général en chef avec stupéfaction et sans répondre.

Le général Menou répéta alors son ordre d'un ton si sec que le brave Roize sentit le rouge lui monter au front. On semblait douter de son courage ! Alors se passa un fait unique peut être dans l'histoire de la cavalerie. Il n'y avait pas un dragon qui ne sentit quelle folie allait se commettre et cependant il n'y eut pas une hésitation à l'accomplir.

Le général Roize se borna à demander à Menou sur quoi il devait charger, « Droit devant vous », répondit le Général en chef.

— Droit devant nous, c'était le camp romain avec son large fossé, ses palissades, ses tentes dressées, et derrière le 42e Anglais bien abrité par le retranchement et soutenu sur son flanc gauche par le feu des redoutes.

Les 3e et 14e dragons, au commandement de Boussard, rompent en avant pour passer dans les intervalles de la 61e et de la 75e demi-brigade dont ils arrêtent le mouvement offensif et se lancent furieusement sur le camp. Une grêle de balles les accueille et pendant que le 3e dragons pénètre dans le camp pêle-mêle avec les fusilliers anglais, le 14e s'arrête devant un fossé profond, infranchissable, qu'il doit tourner sous le feu de l'ennemi. Durant quelques instants nous présentons ainsi à sa mousqueterie une cible vivante, enfin nous entrons à notre tour dans le camp. A cette vue, les Anglais terrifiés de tant d'audace jettent leurs armes et se réfugient sous les tentes. Alors commence une course folle, les chevaux s'embarrassent les jambes dans les cordes et les piquets de campement et roulent sur leurs cavaliers, les chaloupes anglaises nous criblent de mitraille et les fusilliers du 42e, revenus de leur épouvante, ramassent leurs armes et nous massacrent à bout portant. Déjà le général Boussard est tombé grièvement blessé ; le brave Lambert, notre chef de brigade, Fiteau, chef du 3e dragons, ont le même sort, le chef d'escadron Dermoncourt, la gorge traversée d'un coup de feu, reste au milieu de nous et s'efforce de rallier les héroïques débris des deux régiments. Nos dragons, las de frapper, tournent bride pour regagner nos lignes, mais l'infanterie anglaise s'est reformée derrière eux et avant de sortir de ce camp fatal il faut de nouveau lui passer sur le ventre.

Dominant le fracas des armes et les cris des blessés, j'entends sonner alors le ralliement du 14e dragons ; c'est notre trompette-major Eichmann qui, des premiers à la charge, s'est placé sur un petit monticule où, sans souci des balles et de la mitraille, il sonne éperdûment et ne s'arrête que pour abattre à ses pieds les Anglais assez audacieux pour l'approcher. Lentement et comme à regret nos dragons quittent ce champ de carnage où les deux tiers d'entre eux restent morts ou blessés. En arrière de tous, le brave Schouder se retourne à chaque pas, impatient de combattre encore. Soudain il aperçoit un petit groupe d'infanterie anglaise qui s'avance vers lui ; aussitôt il fait volte face, court seul droit à l'ennemi qu'il sabre avec fureur, le met en fuite puis revient vers nous après ce dernier exploit.

Cependant l'insuccès de notre charge n'a point arrêté l'élan de ceux qui nous suivent et pendant que nous nous reformons à grand peine, nous voyons le général Roize entraîner les trois régiments qui lui restent et entamer avec eux la charge suprême dans laquelle il doit trouver la mort. A ce moment le général Menou se décide à faire sonner la retraite et les régiments commencent leur mouvement avec autant d'ordre qu'à la parade. Les Anglais se bornent à envoyer quelques boulets et demeurent dans les positions où notre petite armée les a vainement assaillis pendant toute la journée.

Le soir on commence à se rendre compte des pertes ; hélas elles dépassent nos plus tristes prévisions. Notre chef de brigade Lambert, atteint d'une balle dans le bas-ventre se sent perdu. Il reçoit avec un calme inaltérable les témoignages de douleur et d'affection dont nous l'entourons ; il s'informe de chacun et principalement du brigadier Pignard dont il a admiré l'impétuosité dans la charge et qui est tombé grièvement atteint à ses côtés.

Le citoyen Villemet, qui avait été nommé chef de brigade à la suite du régiment, est resté blessé et prisonnier aux mains des Anglais et dix autres avec lui.

Sur 180 hommes qui ont pris part à l'attaque, 71 sont morts ou grièvement blessés, et les pertes du 3e dragons sont au moins égales. Quel carnage inutile !

Jamais les troupes ne se sont mieux battues que dans cette campagne, et l'on peut dire, avec une juste fierté, que la cavalerie en particulier a fait des prodiges de valeur. Elle a exécuté les charges les plus audacieuses, parce qu'elles étaient ordonnées, quoi qu'elle vit bien qu'elles ne pouvaient réussir. Il y a beaucoup de rapport dans la manière dont on a conduit notre cavalerie et celle des Mamelucks lorsqu'on a conquis l'Egypte, même ignorance de ce qui est possible à la guerre, mais encore plus de bravoure dans la cavalerie française.

CHAPITRE XXIII.

Pertes de l'armée Anglaise — Mort du chef de brigade Lambert. -
Détresse de la cavalerie sous Alexandrie. — Évacuation des postes
du désert et belle conduite d'un détachement du 14ᵉ dragons. —
Répartition de la cavalerie à la fin d'avril. — Arrestation des
généraux Reynier et Damas.

ALEXANDRIE, 13 Mai.

Depuis la bataille Canope les deux armées restent en présence
sans rien tenter et comme épouvantées de leurs pertes.

Celles des Anglais n'ont pas été moins sensibles que les nôtres.
Leur général en chef Abercombrie a été tué sous sa tente, de la
main même d'un officier de dragons à ce que l'on rapporte, Lord
Keny a succombé également. Moore, le général en chef actuel,
blessé grièvement a dû confier le commandement au général
Coote ; l'on dit aussi que le général Ochie est atteint mortellement.

Le colonel Brice de la garde royale qui en s'approchant de nos
lignes avait reçu un coup de feu d'une sentinelle, a succombé le
20 du mois de mars. Les rapports que l'on a pu avoir par les
espions affirment qu'en dehors des pertes subies à la bataille de
Canope, les Anglais ont une grande partie de leurs soldats atteints
de diarrhée, de scorbut, d'ophtalmies ou de la peste qui fait
d'épouvantables ravages.

Pour nous, la situation n'est guère meilleure. Après la bataille
du 21, l'armée est rentrée dans ses positions et le général Menou a
prescrit de fortifier le front du camp de manière à le rendre
inabordable, les sapeurs du génie et les ouvriers de l'artillerie
travaillent sans relâche à établir des plate-formes pour les pièces
et des retranchements. Comme les Anglais sont peu avares de
leurs projectiles et que les canonnières font rage contre le camp,
le général en chef accorde une gratification de 4 à 10 parats
suivant le calibre du projectile à tous ceux qui ramassent des
bombes ; l'infanterie fournit des travailleurs pour la construction
des ouvrages avancés ; nous, nous étouffons dans cet étroit espace ;

après la retraite du 21 nous avons été entassés dans un bivouac établi sous les murs d'Alexandrie, encombrés de chevaux blessés, manquant de selles et de bridons et avec la moitié des hommes démontés.

Nous fournissons le service des postes avancés, mais les Anglais ne semblent guère disposés à tenter quelque attaque et leurs vedettes se contentent d'engager les nôtres à la désertion, leur promettant des récompenses et le retour dans leur patrie. Les officiers ne craignent pas de s'abaisser jusqu'à appuyer de semblables manœuvres et le général Menou a dû renouveler expressement, dans un ordre du jour, la défense de communiquer avec l'ennemi sous quelque prétexte que ce soit, pour empêcher les effets de si honteuses tentatives.

Le 2 avril, notre chef de brigade est mort des suites de ses blessures ; avant d'expirer il a recommandé au chef d'escadron Dermoncourt et au capitaine Dulac de prendre soin de la belle Egyptienne. Martha Jacoub dont il a eu un enfant et à laquelle il lègue sa modeste fortune, 3.000 piastres environ. Les larmes de ses soldats l'ont accompagné jusque dans sa tombe. Lui au moins n'assistera pas à l'agonie de cette vaillante armée qui se débat vainement contre des forces dix fois supérieures. L'adjudant-commandant Lafon-Blaniac a été nommé chef de brigade du 14e dragons ; il est arrivé au milieu de nous encore tout sanglant des blessures qu'il a reçues à la bataille du 21.

Le découragement gagne les âmes les plus fermes. On voit avec étonnement le général de division Reynier réduit au commandement de 200 hommes de la 13e demi-brigade, le général Damas sans emploi. Les officiers les plus actifs et les plus braves tenus à l'écart par un inconcevable aveuglement du général en chef.

D'un autre côté il prodigue les honneurs à tous ceux qui le flattent, Friant et Rampon ont été nommés lieutenants généraux, Destaing et Robin généraux de division, cent autres obtiennent de l'avancement, toutes les vacances provenant des pertes de champ de bataille, des départs ou de la maladie sont comblées et au-delà, les effectifs seuls et les armes manquent. L'adjudant-général Réné laissa percer récemment devant moi une douloureuse ironie en parlant du triste dénouement qu'il prévoit bien proche.

« Il faudrait, disait-il en parodiant les espérances chimériques
« de Menou, que les perfides Anglais soient précipités dans les
« flots et que les féroces Osmanlis soient étouffés sous les sables
« brûlants du désert, joignez à cela une épée flamboyante frappant
« d'estoc et de taille et tout ira bien. »

Du côté de la Syrie, les quelques courriers parvenus jusqu'ici apportent les plus tristes nouvelles. Après la fête du Beïram, le grand Vizir s'est avancé d'El-Arish sur Saléhié, pendant que les Anglais débarquaient à Suez des troupes venues des Indes. Le général Belliard estime à 6,000 réguliers turcs et 10,000 irréguliers, les troupes des Osmanlis, un millier d'Anglais se sont joints à eux. Ibrahim-bey, fait l'avant-garde de ce corps.

Vers le sud, les bâtiments anglais ont jeté à Kosseir, des cipayes et d'autres troupes indiennes ; malgré la courageuse résistance de ses troupes et des habitants qui s'étaient joints à lui, le général Donzelot, a effectué à grand peine sa retraite et est venu rejoindre le général Belliard au Caire.

Mourad qui accourait à son secours avec ses Mamelucks, est mort de la peste, le 20 avril à Tatah, et les beys privés de son énergique direction attendent que la fortune nous favorise pour prendre notre parti.

Dès le commencement d'avril le poste que nous fournissions à Saléhié, reçut l'ordre d'envoyer à la découverte chaque jour pour déterminer la force et l'emplacement du camp des Osmanlis. Le 9, le capitaine Caumont put reconnaître à quatre heures du matin des feux très nombreux vers El-Maden. Il en avertit aussitôt le chef de brigade Langlois qui commandait à Saléhié, et prescrivit au lieutenant Meynadie de pousser le plus loin possible avec quatre dragons, mais les cavaliers turcs qui fournissaient les postes avancés, le chargèrent si vivement qu'il fut contraint de se retirer sans avoir pu compléter ses renseignements.

Le 11, la garnison de Suez qui avait dû évacuer la ville devant le débarquement des Anglais se mit en chemin par la vallée de l'Egarement pour se retirer au Caire. Le 14, nos braves dragons du 14ᵉ donnèrent une nouvelle preuve de leur valeur. Ils formaient l'arrière-garde de la petite colonne, qui de Saléhié se repliait sur Belbeis, et se trouvaient un peu en arrière quand ils furent assaillis par cent cinquante cavaliers. Les dragons, qui étaient quarante à peine, reçurent la charge avec beaucoup de courage et se battirent à outrance. Cinq chefs des ennemis restèrent sur le champ de bataille, dont un nommé Mola-Mohamet, Maugrabin, qui se trouvait au Caire l'année dernière pendant le siège et que plusieurs reconnurent parfaitement. Il y eut aussi beaucoup de blessés ; de notre côté trois dragons seulement étaient atteints dont un seul dangereusement. Malgré sa bravoure le détachement de dragons souffrait beaucoup à cause de son infériorité numérique, mais tenait ferme soutenu par les encouragements et la fière contenance du capitaine Caumont, qui le commandait, quand les dromadaires accoururent à son secours. A leur vue, l'ennemi s'enfuit précipitamment laissant le champ de bataille couvert de ses morts et de ses blessés. Le général Belliard rendit si bon compte de cet affaire au général Menou que celui-ci a accordé au capitaine Caumont, un sabre d'honneur pour sa brillante conduite.

Le Nil même qui avait jusqu'ici été la voie de communication la plus sûre entre Alexandrie, Ramanieh et le Caire, va nous être bientôt interdit par les colonnes ennemies. Déjà le 11 la djerme la *Carinthie,* commandée par l'enseigne de vaisseau Mingeau, fut attaquée par une colonne qui avait deux pièces de canon avec elle. Le combat fut soutenu avec la plus grande opiniâtreté mais enfin la djerme faisant eau de toutes parts, l'enseigne Mingeau fut contraint d'aller s'échouer à Ramanieh, pour sauver au moins son artillerie que le chef de brigade Lacroix fit enlever et établir au-dessus du camp.

Dans ces tristes circonstances une vraie panique s'est emparée de la plupart des gens. Les Maltais et les Grecs désertent chaque jour en grand nombre ; la plus grande partie des employés ou des savants demandent ouvertement à regagner la France, et le citoyen Champy, qui avait la direction de nos fabriques de poudre fit démonter ses machines et cesser le travail au moment où les munitions nous sont le plus nécessaires. Heureusement cet arrêt de fabrication fut de courte durée. Sur l'ordre du général en chef, les ateliers se remirent au travail. Champy put se procurer du Thermis, qui fournit le meilleur charbon pour la poudre et qui est très abondant ici. Il a promis que nous ne manquerions de rien, car il peut fabriquer maintenant jusqu'à mille livres par jour, dont une partie est envoyée à Alexandrie sous l'escorte des Copthes et des Syriens de Yacoub et le reste est conservé pour l'approvisionnement du Caire.

Enfin le 26 avril, le général Menou finit par comprendre que la cavalerie qu'il conservait sous Alexandrie ne lui était d'aucun secours et consommait sans profit les fourrages de la ville. Il se décida alors à donner au général Bron l'ordre de se rendre à Ramanieh, où le général Lagrange forme un camp retranché. Le général Boussard, qui commande la cavalerie, ne put partir en même temps à cause de ses blessures et demeura à Alexandrie jusqu'à son rétablissement.

Les 14e et 18e dragons restèrent seuls pour le service de la place, tous les autres régiments se rendirent en deux jours au camp du général Lagrange. La cavalerie de l'armée se trouve ainsi partagée en trois corps de forces très inégales. A Alexandrie, avec le général Menou, le 18e dragons, une partie du 14e et quelques subsistants des autres corps formant en tout environ 350 cavaliers montés ; à Ramanieh, le 22e chasseurs, le 7e hussards, le 15e dragons et le 20e ; enfin au Caire ou dans les environs, le 3e dragons qui était revenu à Boulacq après la bataille du 21 mars, les détachements du 14e dragons, provenant des postes de Salehié, et de Belbeis, et tous les dépôts des corps sous le commandement du chef d'escadron Montmarie à Boulacq et au fort Sulkowski.

Après le départ de la cavalerie et d'une partie des dromadaires, le général Menou, voulant conserver ses troupes pour la défense des retranchements dont il couvrait les abords d'Alexandrie, forma pour le service de la place proprement dit un bataillon de tous les marins débarqués, dont il confia le commandement au citoyen Masse ; il créa en même temps quatre compagnies de garde nationale, que le citoyen Marcillac organisa avec le plus grand zèle. Le général Friant en passa la revue et rendit le meilleur compte de leur belle tenue et du bon esprit qui les animait.

La flotte s'organisait aussi pour défendre la passe du lac Maréotis et contenir les bâtiments anglais. Elle se composait d'un petit nombre de bricks, ou de canonnières armées à la hâte, *la Victoire, la Bellonne, le Mars, le Ferme, le Fougueux, la Belette, le Dromadaire, l'Actif*, portant ensemble 201 marins ou canonniers et commandés par des enseignes ou des lieutenants de vaisseau. Leur rôle fut de courte durée, refoulé par la flottille très supérieure des Anglais, ils vinrent s'échouer pour la plupart le long du rivage d'Alexandrie et fournirent, au fur et à mesure des besoins, le bois nécessaire à l'artillerie et au génie pour l'établissement des plates-formes ou des palissades.

Le 12 mai, le général Zayonchek fut nommé commandant de la cavalerie de l'armée ; il s'occupa avec le plus grand zèle de réorganiser les troupes qui lui étaient confiées, mais les ressources manquaient absolument, il ne pouvait suppléer ni à la pénurie des chevaux puisque nous n'avions pas de remonte, ni au mauvais état des selles puisque les ouvriers étaient tous à Boulacq, et que l'on ne pouvait se procurer à Alexandrie le cuir nécessaire aux réparations les plus urgentes.

Le même jour, vers onze heures du soir, le général Menou prit une décision qui frappa de stupeur l'armée entière. L'adjudant commandant Novel, accompagné d'une forte patrouille de grenadiers, vint successivement s'assurer de la personne du général Damas et de l'inspecteur aux revues Daure qu'il conduisit à bord du chebek le *Good-Union,* sur lequel le capitaine de frégate Charrier les attendait.

Le général Reynier, les adjudants commandants Boyer, Nérant et le chef de bataillon du génie Bachelu, furent également saisis dans leurs domiciles et menés à bord du brick *le Lodi* où le capitaine Guieu eut ordre de les empêcher de communiquer avec qui que ce soit. L'irritation que le général Menou éprouvait de l'opposition peu déguisée de ces divers officiers, ne pouvait justifier une telle mesure alors que l'ennemi était à nos portes, et que chacun avait à cœur de combattre pour le salut commun.

CHAPITRE XXIV.

Capitulation de Cavalier et de Belliard. — La désertion dans l'armée. — Combat de l'Embarcadère. — Héroïsme des dragons dans les derniers jours de l'occupation. — Capitulation de Menou. — Départ pour la France.

ALEXANDRIE, le 30 juin 1801.

Les ressources d'Alexandrie ne tardèrent pas à diminuer au point qu'il fallut prendre un parti et chercher au dehors à former de grands convois d'approvisionnement, car les Anglais écartent tous les Arabes qui apportaient à la ville leur blé, leur orge ou de la viande et dès le 10 mai, il resta à peine assez de froment dans les magasins pour fournir aux malades des hôpitaux un pain de farine pure. On commença vers la même époque à abattre des chevaux pour la nourriture de l'armée et des habitants et la consommation moyenne fut de seize chevaux par jour.

Dans ces conditions le général Menou ordonna au chef de brigade Cavalier de prendre tous les dromadaires disponibles à Alexandrie, cent dragons commandés par le chef d'escadron Leclerc et un bataillon de la 25e demi-brigade aux ordres du chef de bataillon Duhamel. Tous les hommes choisis parmi les plus robustes, les plus braves, et pour l'infanterie les meilleurs et les plus ingambes.

Une petite pièce d'artilerie fut attachée à cette colonne qui avait pour mission de parcourir le Bahiré et d'y ramasser tout ce qu'elle pourrait trouver en blé, orge, fèves, chameaux et ânes et de diriger le convoi sur Alexandrie. Le 13, au matin, l'expédition se mit en route, le 18 nous apprenons qu'elle avait dû capituler devant des forces bien supérieures et que les Anglais embarquaient à Rosette à destination de la France les officiers et les soldats compris dans cette capitulation.

Après avoir accompli une partie de sa mission le chef de brigade Cavalier remontait vers le nord ; il avait eu les plus grandes difficultés à ramasser quelques ardeps de blé ou de fèves car les habitants étaient devenus fort arrogants et ne cédaient qu'à la violence.

La cavalerie qui manquait d'eau était très affaiblie, les hommes harassés de fatigue. Le 17, au matin, l'avant-garde se trouva en présence de dragons anglais qui ouvrirent aussitôt le feu et formèrent une ligne de tirailleurs que les dragons du commandant Leclerc refoulèrent promptement sur leur infanterie.

C'était le corps du brigadier général Doyle envoyé à la poursuite de Cavalier avec ordre de le cerner et le détruire. Un combat inégal s'engagea dans lequel la petite troupe montra sa valeur habituelle, mais les munitions commençaient à lui manquer vers le milieu de la journée et elle envoya parlementer avec le général Doyle qui voulut exiger qu'elle déposât ses armes et se rendît prisonnière sans condition.

Une pareille réponse fit reprendre les armes à nos braves soldats qui jurèrent de périr jusqu'au dernier plutôt que d'accepter le déshonneur. Pendant que le combat redoublait de violence, les Arabes accoururent de toutes parts et les Anglais virent avec stupeur un de leurs dragons qui avait été blessé en tirailleur par un des nôtres, achevé sous leurs yeux par les brigands qui s'étaient approchés. Le brigadier général envoya alors au chef de brigade Cavalier un parlementaire apportant des conditions acceptables. La petite troupe devait être dirigée sur Rosette avec les honneurs de la guerre, les officiers conservaient leurs armes, et les soldats ne devaient déposer les leurs qu'au quartier général anglais ; chacun gardait ses effets ainsi que les chevaux et les chameaux, et tout ce qui ne pouvait être emporté devait être estimé et payé par les Anglais ; enfin les hommes seraient conduits en France libres de leur personne.

Toute la colonne Cavalier accepta ces conditions qui étaient inespérées dans l'état de dénûment où elle se trouvait. Le 14e dragons y comptait 1 officier et 64 cavaliers et le 18e 6 officiers et 49 hommes. Ce furent les premiers qui quittèrent l'Egypte pour rentrer en France où ils débarquèrent à la fin du mois de juin.

En apprenant la capitulation de Cavalier, le général en chef eut un accès d'indignation furieuse et il jura de nouveau de s'ensevelir sous les ruines d'Alexandrie plutôt que de ternir l'honneur de l'armée.

Les défaillances se multiplient pourtant de jour en jour et ne montrent que trop l'état des esprits. Notre brave régiment inaccessible à toute trahison, n'en est plus lui-même à l'abri, et dans la nuit du 3 au 4 juin deux de nos vedettes, les dragons Compagne et Desbille ont passé au camp anglais. La colère de tous contre ces lâches déserteurs et le mépris où l'on a leur action les empêchera sans doute de trouver des imitateurs.

Le chef de brigade Lafon-Blaniac, aussitôt qu'il eut rendu compte au général en chef de la fuite de ces deux vedettes, fit assembler tout le régiment et lire au milieu du plus profond silence l'ordre du jour suivant :

« Dragons, dans un régiment estimé, il s'est trouvé deux hommes « assez vils pour renoncer à dix ans d'honneur et assez lâches pour « abandonner leurs camarades. Quel motif a pu les engager à com- « mettre ce crime? Quel sujet de plaintes peut-on former ? Votre « bonne conduite et la discipline paternelle du corps vous mettent à « l'abri des mauvais traitements ; on se donne tous les soins pour « prévenir vos besoins, vous en avez souvent éprouvé de bien plus « grands sans songer à vous plaindre. J'en prends occasion de « vous rappeler que le vrai courage ne consiste pas seulement à « braver la mort dans les combats, mais bien plus à supporter « avec constance les fatigues et les privations en tout genre quand « votre honneur et l'intérêt national l'exigent.

« Si les hommes qui ont déserté hier se sont promis de revoir « plus tôt leur patrie et d'y jouir tranquillement du fruit de leur « crime, ils se trompent dans leur attente. Je déclare que je prends « et ne cesserai de prendre ici et en Europe tous les moyens de « venger l'honneur du régiment insulté et d'attirer sur leurs têtes « la vengeance des lois. La réputation glorieuse du 14e régiment « de dragons m'assure que ce déshonorant exemple ne sera point « suivi et que les militaires qui le composent ne cesseront de vou- « loir être dignes de la nation à laquelle ils appartiennent. »

Le même soir le général Menou retira au régiment l'honneur de fournir les avant-postes et ce fut quatre jours seulement après ce triste évènement qu'il se rendit à nos supplications, et, en faveur des services passés, consentit à nous replacer à l'avancée de l'armée.

Une trahison plus grave encore vient d'être expiée par son auteur sur les glacis de la place. Dans les premiers jours du mois de juin une ronde trouva sur le sable de la plage, et tout proche des sentinelles anglaises, un billet portant le mot d'ordre, et jeté là évidemment pour être remis à quelque complice du camp ennemi.

L'enquête qui fut commencée aussitôt permit d'établir que le crime avait été commis par un enseigne auxiliaire de la marine, nommé Chautard, homme accessible aux plus vils sentiments.

Jeté dans un cachot et jugé sommairement il a été fusillé le 26 juin dans les fossés d'Alexandrie, en présence de détachements de tous les corps de la garnison, qui ont défilé devant le cadavre du traître avant de rentrer dans leurs corps.

Le même jour arrivait au quartier général la nouvelle de la capitulation du Caire, signée par le général Belliard et l'Anglais Hope. Nous restons maintenant seule troupe française sur cette terre d'Egypte que nous avons occupée en maîtres pendant trois ans.

Les renseignements qui sont parvenus sur les événements récents sont assez vagues. Cependant il parait que le général Lagrange, renforcé de la cavalerie du général Bron, eut à Ramanieh un combat heureux contre les troupes anglaises et turques et que nos braves cavaliers, formant en plaine la gauche de la petite armée, tinrent en respect pendant toute une journée des forces considérables, mais le camp de Ramanieh était trop mal fortifié pour pouvoir résister aux attaques répétées des alliés.

Le 13 mai, le corps du général Lagrange se mit en retraite, couvert par la cavalerie du général Bron, et vint s'établir sous le canon du Caire où le général Belliard l'appelait avec instances, pour profiter de la réunion de leurs forces et marcher à l'ennemi avec quelques chances de succès. La population du Caire restait tranquille et le général Dupas avait assuré par de nombreux approvisionnements la résistance de la citadelle. Mais les forces de l'ennemi devinrent si considérables, par suite des débarquements de Suez et de Kosséir, que le général Belliard jugea plus favorable aux intérêts de l'armée d'entrer en composition. L'étendue des lignes qu'il eut fallu pouvoir occuper était bien trop considérable pour les faibles effectifs dont disposait le général, et vers le 15 juin, il commença les pourparlers qui aboutirent à la capitulation du 27, signée par le général Donzelot, Morand et Tarayre de notre part, le général Hope, Osman-Bey et Isaac Bey du côté des alliés.

Les forts de l'Institut et Sulkowski furent aussitôt évacués L'armée mit cinq jours à faire ses préparatifs et à se rassembler à la Ferme d'Ibrahim et de là au camp d'El-Hamad, pendant que les alliés prenaient possession du Caire.

Par un sentiment de reconnaissance qui leur fait honneur, les troupes du général Belliard ne voulurent point laisser sur une terre désormais étrangère le corps du général Kléber, dont le nom restera immortel à l'armée d'Orient. Les Anglais consentirent aisément à ce qu'il fut enlevé de la ferme d'Ibrahim, et les salves de leurs canons répondirent aux nôtres, quand le cercueil, escorté d'une compagnie de grenadiers en armes, fut transporté sur la djerme qui devait le conduire à Rosette, d'où il sera embarqué pour la France (*).

ALEXANDRIE, 20 Août 1801.

La situation reste toujours la même ici, les Anglais se bornent à bloquer la ville et à nous faire passer toutes les nouvelles capables d'abattre notre courage, telle que celui de la capitulation du Caire. Ils sont loin toutefois d'obtenir le résultat qu'ils cherchent, car après un moment de découragement, la gaieté a repris le dessus et les plaisirs ne manquent pas à Alexandrie, malgré les fatigues et le dénûment où nous nous trouvons.

Ces réjouissances intriguèrent fort les Anglais dont les officiers en demandèrent la raison aux nôtres. Un de ceux-ci répondit que nous célébrions la prise du Caire, à laquelle nous n'ajoutions point foi à ce moment, ce qui fit rire les Anglais ; ils admirent la gaieté française.

Les deux camps sont si rapprochés que l'on distingue très bien tout ce qui se passe de l'un à l'autre. Un soir, que j'étais de ronde, j'entendis des cris horribles qui partaient des lignes opposées, comme j'en semblais ému, une de nos vedettes me dit tranquillement que cela était fort habituel et que c'étaient les Anglais qui

---

(*) Le corps du général Kléber resta oublié au château d'If pendant tout le règne de Napoléon Iᵉʳ, ce fut après la restauration que le roi Louis XVIII le fit transporter à Strasbourg sa ville natale.

administraient la bastonnade à quelque Turc. Voilà une police vraiment expéditive.

Jusqu'à l'embarquement des troupes du général Belliard, les Anglais ne tentèrent rien contre nous. Nos camarades eurent la possibilité de vous faire parvenir de leurs nouvelles, c'est ainsi que j'appris l'embarquement des détachements du régiment qui étaient au Caire à bord du transport le *Prince Constantin*, assez mal aménagé paraît-il pour les chevaux. Le 10 août ce convoi quitta Rosette et l'ennemi commença aussitôt à resserrer nos lignes. Notre flottille du lac Maréotis aux ordres du capitaine de vaisseau Barré fut réduite à l'immobilité par les bateaux anglais, et de ce fait l'action des canonnières rendant intenables plusieurs ouvrages avancés, le général Menou dut donner ordre de les évacuer et de les raser.

A partir de ce moment nous recommençâmes un service un peu plus actif. Le général Zayonchek reçut ordre de nous envoyer sans relâche escarmoucher contre les avant-postes ennemis, afin de ne leur laisser aucun repos. La nourriture des chevaux se compose uniquement d'orge et de fèves mais en quantité insuffisante pour que nous puissions avoir une cavalerie vigoureuse. Au reste, personne ne se fait plus illusion sur notre sort, le Général en chef seul s'aveugle sur la situation. Resserrés dans cette étroite presqu'île, réduits à une poignée d'hommes, sans espoir d'être secourus, que pouvons-nous attendre ?

Trompant les croisières anglaises, l'*Héliopolis* parti de Toulon a débarqué ici le chef d'escadron Peyrès qui accompagnait en qualité d'aide-de-camp le général Meyer chargé d'amener à Alexandrie 5,000 hommes de renfort. Le convoi partit de Brest sous l'escorte de l'amiral Gantheaume ; à peine en mer les maladies contagieuses qui sévissaient à bord de plusieurs bâtiments forcèrent de débarquer 1.400 hommes sur la côte de Provence. Le reste est venu paraît-il, jusqu'à 40 lieues de nos ports, puis craignant d'être pris par les Anglais, a viré au bord nous abandonnant à notre sort infortuné.

L'obstination que le général Menou a juré de mettre à défendre Alexandrie, sauvera du moins l'honneur de nos armes. Nous nous enterrons sous ses décombres ou nous rentrerons libres en France. Chacun est prêt à résister jusqu'à la dernière goutte de son sang, et l'Anglais n'aura pas bon marché de cette poignée d'hommes dont il a appris à respecter la valeur.

Le 17 août, nous reçumes ordre d'aller avec une demi-brigade d'infanterie renforcer le général Eppler qui a mission de défendre pied à pied le terrain entre l'Embarcadère et les îlots que l'on a dû évacuer faute d'artillerie suffisante. Peu de jours après les chaloupes et les avisos anglais forcèrent la passe et vinrent sommer le Marabout que défendait le citoyen Béteille. Celui-ci à bout de ressources capitula entre les mains de sir Eyre Coote le 20 août et fut embarqué aussitôt ainsi que son détachement.

ALEXANDRIE, 8 octobre 1801.

Le 23, au matin, les Anglais s'avancèrent avec de grandes forces contre le canal de l'Embarcadère que nous tenions sous les ordres du général Zayonchek. Nous manquions de canons pour riposter aux bâtiments anglais qui mitraillaient nos deux ailes. Cependant nous tenions bon depuis plus d'une heure et demie, et chaque fois que la cavalerie anglaise osait se présenter nous la chargions avec tant de vigueur qu'elle se repliait promptement Notre chef de brigade Lafon-Blaniac fut encore blessé à cette affaire où il déploya la plus grande valeur.

Enfin le général Zayonchek et le général Eppler se décidèrent à commander la retraite qui s'opéra en échelon en arrière de la rive du canal que nous occupions et dans le plus grand ordre.

Nos dragons ont déployé leur hardiesse accoutumée. Le lieutenant Arnoux du 18e à la tête de 15 cavaliers n'hésita pas à charger un escadron ennemi qu'il rompit et replia jusque sur son infanterie malgré les boulets et la mitraille. Un sabre d'honneur récompensa ce trait d'audace qui n'est point rare parmi nos soldats.

La nuit précédente, les dragons Bagout et Touchebœuf du 14e étaient en vedette à l'extrémité gauche de la ligne une heure avant le jour. L'obscurité et le silence les empêchèrent de s'apercevoir du mouvement que l'ennemi faisait à la droite, et de la retraite de nos avant-postes sur le camp. Trop éloignés pour en être pré-

venus, ils restèrent à leur faction. Ce n'est qu'à la pointe du jour
que, s'apercevant sur la ligne du changement de position qu'ils
n'avaient fait que soupçonner, ils se rapprochent l'un de l'autre,
conviennent mutuellement de ne pas s'abandonner et de se retirer
sur le camp. La ressemblance des uniformes les fait se diriger sur
des postes ennemis qu'ils prennent pour français, ils les reconnais-
sent à dix pas, traversent froidement leur cordon et gagnent nos
lignes.

Si l'impétuosité obtient des récompenses, je crois qu'on en peut
demander également pour une aussi froide intrépidité et chaque
jour des dragons méritent d'être ainsi félicités pour leur audace à
la tête des tirailleurs. Leur conduite est d'autant plus remarquable
qu'ils ne se font aucune illusion sur la bonne réussite qu'ils peuvent espérer de nos affaires après tant de bravoure et de constance.

Dès la fin d'août, le général Menou se plaignant bien à tort de
symptômes de défaillance parmi les troupes qu'il commande, et
plus justement de l'isolement où le laissait la capitulation du Caire,
envoya près du général en chef anglais Utchinson, pour lui de
mander une capitulation honorable. Les conditions sont débattues
par le général Friant, et seront à peu près celles qui ont été accordées au chef de brigade Cavalier et au général Belliard.

Le 2 septembre, les forts Leturcq et Duvivier, puis les camps
retranchés ont été remis entre les mains des Anglais. Il nous est
accordé d'emmener 60 chevaux de cavalerie ou de l'Etat-Major,
c'est à peu près tout ce que nous avons de valide, car il en a été
mangé 318 depuis le mois de mai. Toutefois une commission
composée du général Zayonchek, du chef d'escadron Vigogne, du
chef de brigade d'Anthouard de l'artillerie et Laroche des guides,
assisté du citoyen Loir, artiste vétérinaire du 7e hussards, a choisi
les chevaux qui devaient être embarqués pour la France. Au fur
et à mesure que les bâtiments sont prêts à appareiller, on y dirige
les corps auxquels ils sont affectés et les détachements partent
ainsi successivement. Le général Eppler nous a quittés le premier
le 11 septembre, emportant avec lui le texte de la capitulation.

Comme il était hélas trop facile de le prévoir des désordres se
sont commis dans le débarquement des frégates qui restaient en-

core dans le port, l'*Egyptienne*, la *Justice* et la *Régénérée*. Il a fallu toute l'énergie du général Friant, pour empêcher le retour de scènes aussi regrettables. Beaucoup d'officiers et de soldats aigris par les misères qu'ils ont supportées, se répandent en doléances et en réclamations contre leur situation à bord des bâtiments Anglais ; ils sont trop entassés, mal nourris, mal traités ; aussi la commission d'embarquement est sur les dents pour examiner toutes les plaintes.

Le 23, on a célébré à Alexandrie l'anniversaire de la fondation de la République avec toute la solennité possible ; mais quelle différence avec les pompes déployées autrefois en pareille circonstance au Caire ! Où sont les revues de ces belles troupes si martiales et les salves joyeuses ? Aujourd'hui humiliés, presque désarmés nous ne pouvons qu'espérer des jours meilleurs en récompense de tant de dangers et de fatigues supportés sans murmure.

Chaque jour maintenant n'est marqué que par le départ de quelque nouveau détachement. Le 25 septembre, le général Songis fit embarquer les cinq pièces de huit qu'il nous est accordé d'emmener avec nous, le 1er octobre, les bâtiments aménagés pour le transport des chevaux étaient désignés ; le 5, le général Menou passa la revue de ceux que la commission avait choisis et le 6, l'embarquement a commencé.

Les mesures d'ordre sont prises de façon qu'il y ait un homme par cheval, domestiques ou dragon, en cas d'insuffisance des domestiques. Le dragon touche une gratification de 15 sols par jour payable en France. Deux officiers de dragons sont chargés par bâtiment de la police et de la discipline ils ont à leur disposition un brigadier et quatre cavaliers.

J'ai donc pris possession de ce dernier service. Le 7, nous nous sommes embarqués, disant un adieu sans doute éternel à cette terre d'Egypte où nous avons trouvé tant de gloire et tant de fatigues, où nous avons bravé la faim, la soif, les maladies les plus cruelles et le cimeterre menaçant des Turcs pour acquérir à la France une colonie digne d'elle.

Abandonnés à nous mêmes, ne recevant de la mère patrie que

de stériles encouragements et pas un secours, nous avons défendu pied à pied notre conquête pendant trois années.

Le nombre l'emporte aujourd'hui et l'Anglais vainqueur grâce à ses longues intrigues, ne dissimule plus son triomphe et sa joie.

Adieu donc terre d'Egypte. Puissent un jour nos fils se souvenir des exploits que nous avons accomplis sur ton sol et réveiller par leurs accents guerriers les mânes des héros qui sont tombés à ta conquête.

FIN

TABLE DES MATIÈRES

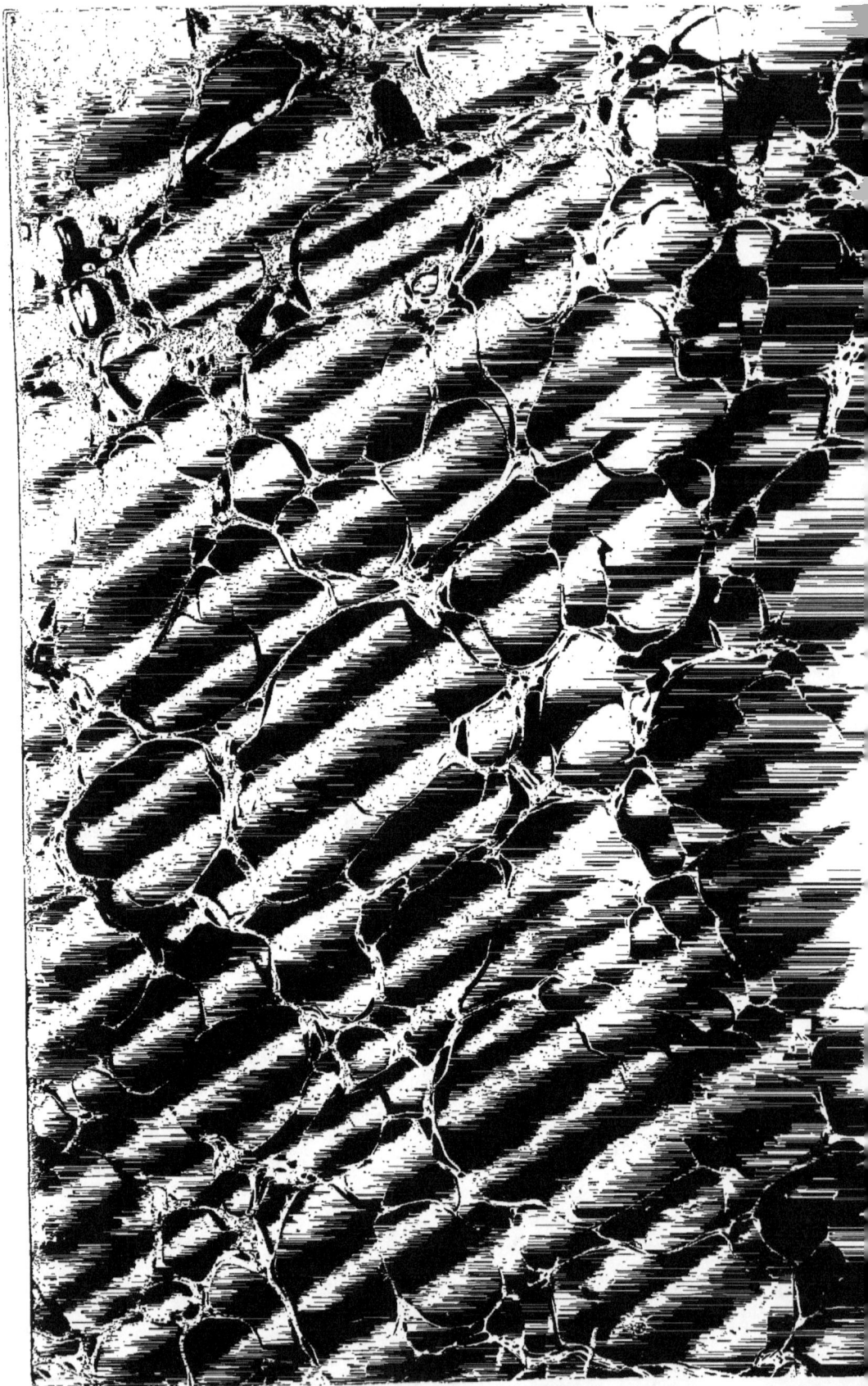

www.ingramcontent.com/pod-product-compliance
Lightning Source LLC
Chambersburg PA
CBHW070406090426
42733CB00009B/1549